KB131666

김대식의 키워드

김대식의 키워드

1판 1쇄 인쇄 2021. 1. 29.
1판 1쇄 발행 2021. 2. 17.

지은이 김대식

발행인 고세규
편집 이승환 디자인 윤석진 마케팅 신일희 홍보 박은경
발행처 김영사
등록 1979년 5월 17일 (제406-2003-036호)
주소 경기도 파주시 문발로 197(문발동) 우편번호 10881
전화 마케팅부 031)955-3100, 편집부 031)955-3200 팩스 031)955-3111

값은 뒤표지에 있습니다.
ISBN 978-89-349-9135-9   03100

홈페이지 www.gimmyoung.com   블로그 blog.naver.com/gybook
인스타그램 instagram.com/gimmyoung 이메일 bestbook@gimmyoung.com

좋은 독자가 좋은 책을 만듭니다.
김영사는 독자 여러분의 의견에 항상 귀 기울이고 있습니다.

key word

김대식의
키워드

: 미래를 여는 34가지 질문

loneliness

pandemic

conspiracy theory

globalization

truth

metropolis

hometown

world

reality

death

longing

love

identity

laziness

evil

modern

freedom and equality

worldview

game

friend

monster

appearance

education

art

original

inside and outside

history

future

power

god

infinite

body

machine

human

김영사

일러두기

이 책은 〈중앙선데이〉에 연재했던 글을 다듬고 재구성한 것이다.

프롤로그

요즘 그런 생각을 자주 하게 된다. 우리는 왜 책을 읽을까? 아니, 왜 나는 책을 쓰고 있는 걸까? 책은 불편하고 느리다. 종이에 인쇄해 서점에 진열되는 순간 별 의미 없는 '옛날이야기'가 될 수 있다. 게다가 책은 무겁고 자리도 많이 차지한다. 그리고 책에는 도대체 왜 그렇게 먼지가 많이 쌓이는 걸까? 차라리 유튜브 채널을 하나 운영하거나 생각나는 순간 바로바로 트위터에 말 몇 마디 올리는 게 더 낫지 않을까?

하지만 반대로 이렇게 생각해볼 수도 있겠다. 불편하고 무겁고 자리를 많이 차지하기에 책은 더 소중하다고. 편하고 빠르기에 아무 말이나 던질 수 있는 온라인 세상과는 달리 책은 독자와 저자에게 몰입과 의지와 헌신까지 요구하기에 더 의미 있다고. 그렇다면 이 책에는 어떤 의미를 담아야 할까? 우리 세상과 생각을 좌우하는 다양한 '키워드'들을 논의하기로 결정했다. '팬데믹' 시대에 완성된 책이니 '외로움'과 '음모론'이 빠질 수 없겠다. '대도시'에서 날마다 '게임'을 하며 온라인 '교육'을 받고, 온라인으로 '사랑'하며, '친구'들과 온라인으로 소통해야 했던 지난 1년. 밖에 나갈 일이 없으니 '외모'에 더 이상 신경쓰지 않고, 온라인에서의 '세계관'이 우리의 '고향'이 되어버렸다.

포스트 팬데믹이라는 '미래'에서의 '세계화'와 '자유와 평등'을 고민하며 우리는 여러 질문을 던지기 시작했다. 진짜 '악'은 '내부와 외부' 중 어디에 존재할까? '진실'이란 과연 무엇일까? '권력'은 언제나 인간을 '괴물'로 만드는 걸까?

더구나 '인간'을 모방하고 인간의 능력을 서서히 능가하기 시작한 인공지능이 '현실'화돼가는 시대를 경험하며 우리는 질문한다. '몸'과 '죽음'을 모르기에, 인간에겐 허락되지 않은 '무한'의 미래를 경험할 수도 있을 '기계'가 '그리움'을 느끼거나 '게으름'을 부릴 수 있을까? 기계가 '예술'을 하고, '역사'의 주인공이 돼가는 '모던'한 '세상'에서는 그들이 새로운 '신'이 될까? 그렇다면 인간으로서의 '정체성'은 과연 무엇이며 '오리지널' 인간이란 어떤 의미일까?

귀여운 고양이와 인기 짤로 가득한 사이버 세상에서 잠시 나와 사뭇 진지하고 불편한 진짜 세상에서의 이야기를 듣고 싶은 분들을 위해 '김대식의 키워드'들을 세상에 던져본다.

2021년 2월

김대식

Part 3.

Part

I

얀 스테인, 《어른이 노래하면 아이는 피리 분다》

외로움

마음의 지하실

할아버지는 이미 잠들어버린 걸까? 따듯한 옷을 걸치고 구석에 앉아 아들, 딸, 손자, 손녀의 모습을 슬그머니 바라보는 것 같기도 하다. 어른들은 이미 술에 취해 흥이 넘친다. 고대 아라비아 여성들이 속눈썹 화장에 사용하던 '콜' 가루를 뜻하는 단어 al-kuhl에서 왔다는 '알코올'. 방금 전까지 우울하고 세상이 망할 것 같다가도 알코올 한 잔이면 모든 문제가 해결된다. 방에 혼자 숨어 흘리던 눈물은 어느덧 웃음의 눈물이 되고, 힘들고 서러운 세상에서 아무것도 할 수 없을 것만 같던 무기력은 한 잔의 술과 함께 사라져버린다. 내가 세상의 주인이고, 해결할 수 없는 문제가 없어 보이는, 뭐 그런 터무니없는 순간 말이다.

네덜란드 화가 얀 스테인의 그림에서도 역시 그렇다. 뭐가 그리 즐겁고 좋은 걸까? 창문 밖 걱정과 근심은 사라지고, 너무나도 큰 세상 앞에선 나약하기 짝이 없는 인간은 가족과 친구들이라는 작은 우주 안에서만은 존재적 거인이 된다. 그뿐만이 아니다. 〈어른이 노래하면 아이는 파이프를 분다〉라는 그림의 제목처럼, 우리에게 가족과 친구는 학교이자 선생님이기도 하다. 얼마 전까지 어른을 따라 하던 아이가 어느새 다른 아이들의 모범이 되기에 '그 아버지에 그 아들'이야말로 삶의 진리이자 본질이라고 앵무새는 할아버지 뒤에서 재잘거리는 듯하다. 나를 사랑하고, 내가 사랑하는 이들과 함께 안전한 장소에서 세상을 잊을 수만 있다면, 거기에 술 한잔과 노래까지 함께한다면 더 이상 부러울 게 없지 않을까? 사회적 동물로 생존하도록 진화된 인간에게 원초적 행복이란 바로 이런 모습일 것이다.

그래서일까? 인간이 가장 두려워하는 것은 사실 괴물도 좀비도 아니다. 프랑스 수학자이자 철학자 블레즈 파스칼은 말하지 않았던가. "모든 인간의 불행은 고요한 방에 혼자 조용히 앉아 있을 수 없기 때문"이라고. 복잡한 세상의 시끄러운 소리가 점점 멀어지기 시작한 조용한 방에 있는 나. 외부의 소리가 사라지고, 고요한 방에 혼자 남은 나에게 갑자기 새로운 소리가 들리기 시작한다. 내면의 소리들이다. 근심과 걱정, 이 험한 세상을 앞으로 어떻게 살아야 할지. 하지만 아직 벌어지지 않은 미래에 대한 생각은 그나마 괜찮다. 미래를 언제든지 왜곡할 수 있는 착시 능력을 인간은 가지고 있으니 말이다. 하지만 과거는 다르다. 이미 벌어진, 더 이상 바꿀 수 없는 과거의 기억은 피하기 훨씬 더 어렵다. 생각만 해도 얼굴이 화끈거리는 지난 과거의 실수들. 홀로 밤에 이불킥이라도 하고 싶은 부당한 경험들. 모두가 알고 있는 그럴싸한 모습과는 달리 사실 얼마나 찌질하고 비굴한지 너무나도 잘 알기에 더욱 수치스러운 나의 모습. 마음의 지하실에 누구나 시체 몇 구는 숨겨두고 살아야 하는 것이야말로 진정한 콘디티오 후마나conditio humana, 인간으로서의 조건인지도 모르겠다.

중년에 살짝(아니, 꽤 많이) 돌아 동료 네 명과 쿠데타를 한답시고 육상자위대 건물에서 할복자살한 일본 작가 미시마 유키오. 그의 초기 작품《가면의 고백》에서 말하듯 우리는 모두 가면을 쓰고 살고 있는지도 모른다. 단순히 외모, 표정, 언어, 행동만의 가면이 아니다. '나'라는 존재 자체를 세상으로부터 보호하기 위해 언제나 타인 앞에서 숨겨야 하는, 존재적 가면을 써야 하는지도 모른다는 말이다. 하지만 홀로 고요한 방에 앉아 내면의 소리를 듣는 순간 존재적 가면은 사라지고, 우리는 꽁꽁 숨겨두었던 진정한 모습, 누구를 위한 내가 아닌, 단순히 내가 나인, 나 자신의 모습을 볼 수 있게 된다. 그런데 여기서 문제가 생긴다. 가면을 벗은 나의 모습이 대부분 그다지 아름답지 않기 때문이다. 아니, 어쩌면 그것보다 더 본질적인 문제가 있을 수도 있다. 가면을 벗으면 또 하나의 가면, 그 뒤엔 또 다른 가면…. 끝없는 존재적 가면 뒤의 진정한 나라는 존재는 어쩌면 실재가 아닌, 만들어진 허상일 수도 있겠다는 생각이 들 수 있기 때문이다.

나는 누구일까? '나'라는 완벽히 독립적인 무언가가 세상에 태어나 한국인이 되고, 대학교 교수가 되어 지금 이 순간 글을 쓰고 있는 걸까? 아니면 지금 이 순간 글을 쓰고 대학에서 근무하는 어느 한국인의 기억과 희망과 두려움의 교집합에 '나'라는 이름이 붙은 걸까? '나'는 삶이라는 포장지 안에 실질적으로 존재하는 현상적 콘텐츠일까? 아니면 단순히 포장지에 인쇄된 이름일까? 현대 뇌과학에서는 후자에 가능성을 더 두고 있다. '나'라는 존재가 우리가 믿었던 것보다 훨씬 덜 근본적일 수도 있다는 결과들 때문이다. 뇌 특정 영역 한 곳만 손상돼도, 아니 알코올 몇 잔만 마셔도 쉽게 흐트러지는 것이 '나'라면, 자아는 어쩌면 본질적인 것이 아닌, 진화와 환경을 통해 만들어진 생물학적 현상이라고 의심해볼 수 있겠다. 그중 철학적으로 가장 흥미로운 결과는 코타르 증후군이다. 1880년 프랑스 의사 쥘 코타르를 통해 처음 보고된 이 뇌질환을 가진 환자들은 본인이 살아 있지 않다고 믿는다. 물론 환자들은 분명히 살아 있다. 생각하고 말도 하지만 본인은 자신이 존재하지 않는다고 주장한다. 여러 가지 테스트를 해볼 수 있다. "당신, 생각하죠?" 그러면, "생각합니다"라고 답한다. 하지만 "생각하면 존재한다는 거죠?"라고 물으면, 끝까지 아니라고 대답한다. 철학자 데카르트에겐 "나는 생각한다, 고로 나는 존재한다"라는 명제가 절대적이었지만, 코타르 증후군 환자들은 이렇게 주장한다. "나는 생각한다, 하지만 나는 존재하지 않는다."

행동과 생각은 하지만, '존재한다'라는 느낌이 없다는 코타르 증후군 환자들. 그렇다면 반대로 '나'라는 존재는 처음부터 단순히 '존재한다'는 느낌 그 자체이지 않았을까?

자아와 의식은 독립적으로 존재하는 것이 아닌, 내가 존재하고 세상을 인식할 수 있다는 그냥 그 느낌이지 않을까? 그렇다면 질문해볼 수 있겠다. 내가 나라는 느낌은 과연 무엇일까? '지금'이라는 느낌일 것이다. 그런데 신기하게도 우리에게 '지금 이 순간'은 시간적 차원을 넘어 지금 이 순간 나와 함께 있는 이들을 통해 성립된 사회적 관계이기도 하다. 인간은 결국 사회적 동물이기에 '나'라는 느낌은 지금 이 순간 내가 속해 있는 사회적 그룹을 통해 완성된다는 말이다. 우리가 얀 스테인의 그림에서는 행복을 느끼지만, 아무도 없기에 고요한, 나 스스로의 생각만 남아 있는 혼자만의 방에선 불행을 느끼는 까닭은 그래서인지도 모른다.

이야기, 음악, 종교, 정치, 스포츠…. 어쩌면 인류 문명의 대부분은 내면의 어두운 고요함을 두려워하는 인간이 쉴 틈 없이 본인에게 재잘거려주는 외면적 목소리들인지도 모르겠다. 나는 혼자가 아니라고, 모두가 나와 함께 있다고. 코로나바이러스라는 팬데믹 때문에 많은 사람들이 자가격리에 들어간 오늘날, 사랑하고 걱정하기에 역설적으로 사랑하는 사람들과 사회적 거리를 두어야 하는 지금, 우리는 마치 에드워드 호퍼의 그림에서처럼 홀로 남아 차를 마시며 나만의 생각에 빠져버린다. 그리고 그림에서의 그녀처럼 질문한다. 우리는 무엇을 기다리는 걸까? 사랑일까? 희망일까? 아니면 구원일까? 아니, 어쩌면 우리는 기다림 그 자체를 통해 존재의 외로움을 잊으려 하는 걸까? 인간에게 외로움은 언제나 불행의 시작이지만, 동시에 모든 문명과 과학과 예술의 시작이기도 했다. 외롭지 않기 위해서 끝없이 노력하고 발전하는 인류. 하지만 과학과 문명이 발전하면 발전할수록 더 외로워져야 하는 역설적 존재가 바로 우리 호모 사피엔스인지도 모르겠다.

팬데믹

인류의 동반자

당시 인류가 전염병으로 전멸할 수도 있었다….

_프로코피우스(6세기 동로마 역사학자)

감염병이 도착하자 셀 수 없이 많은 이들이 죽기 시작했다. 관도 무덤도 부족해 10구 또는 더 많은 시체들을 한곳에 묻어야 했다. 일요일엔 성 바오로 성당 앞에서만 300구의 시체를 볼 수 있었다….

_성 그레고리우스(6세기 프랑스 투르 주교)

'유스티니아누스 전염병'이라 불리는 6세기 팬데믹. 인류 첫 팬데믹은 아니었겠지만, 잘 기록된 첫 전염병 중 하나였다. 쥐와 벼룩을 숙주로 삼는 예르시니아 페스티스Yersinia pestis 박테리아는 벼룩을 통해 사람에게 전달되고, 대부분의 감염자는 불과 며칠 만에 사망한다. 중앙아시아 또는 중국에서 시작해 실크로드를 건너 중동과 이집트로 번졌고, 이집트에서 곡식을 수입하던 동로마제국의 수도 콘스탄티노폴리스엔 541년 도착한다. 항생제도 소독약도 없던 시대의 팬데믹. 결과는 처참하고 절망적이었다. 매일 5천 명 이상이 죽어 결국 콘스탄티노폴리스 주민 40퍼센트 이상이 목숨을 잃었으니 말이다. 시체를 묻을 수 있는 건강한 사람보다 묻혀야 하는 이들이 더 많아지자, 죽은 사람들은 길거리에 방치되기 시작한다. '세상의 주인' 로마제국의 후손이라는 자부심으로 가득했던 동로마인들은 이제 개와 새들의 먹잇감이 되어버린 것이다. 동로마 정교회는 화장을 금지하기에 유스티니아누스 황제는 오늘날 '갈라타'라 불리는 금각만 Golden Horn 건너편 지역을 둘러싼 성곽을 허물어 시체로 채우라고 명령한다. 썩고 부패해 역겨운 냄새로 가득한, 아르놀트 뵈클린의 그림 〈페스트〉 같은 지상의 지옥으로 변해버린 도시에서 먹을 것을 찾아 헤매던 콘스탄티노폴리스 시민들은 질문하기 시작했을 것이다. 도대체 왜, 무슨 이유로 이런 일들이 벌어지는 것일까?

인간은 언제나 원인과 이유를 묻는다. 생각과 행동을 좌우하는 뇌가 처음부터 원인과 결과, 인과관계를 이해하도록 만들어졌으니 말이다. 창을 던지면 먹잇감에 맞고, 큰소리와 불로 위협하면 맹수들이 도망간다. 썩은 냄새 나는 음식을 먹으면 배가 아프고, 벌레에 물리면 가려워 잠을 잘수 없다. 과거 경험을 통해 미래를 예측하게 해주는 '원인'이라는 막강한 도구. 그런데 이 도구는 처음부터 직접 보고만지고 확인할 수 있는 현상들을 이해하기 위한 것이었다. 하지만 원인이라는 확신이 주는 심적 안심과 존재적 위로를 포기할 수 없었던지, 도시와 문명과 인터넷을 만들고도우리는 눈에 보이지 않는 현상에 대해서도 여전히 원인과 인과관계에 집착한다.

콘스탄티노폴리스에서 벌어진 대재앙. 누군가의 잘못 때문은 아닐까? 역사가 프로코피오스는 황제 유스티니아누스의 "악마 같은" 본성 때문이라 믿었고, 교회는 죄 많은 인류에게 내린 신의 벌이라고 주장했다. 특히 유대인들이 가장 수상했다. 구원자 예수를 십자가에 못 박은 이들 아니었던가? 교부이자 수사학의 대가였던 성 크리소스톰 역시 설교하지 않았던가? 인류가 구원받기 위해서는 유대인들이 사라져야 한다고! 그렇다, 너무나도 복잡해진 세상에서 여전히 단순한 원인을 기대하는 인간에게 재앙은 언제나 누군가의 '죄'에 대한 '벌'이며, 죄를 씻어내고 뿌리 뽑아야만 세상은 다시 안전하고 행복해질 수 있어 보였다. 중세기 흑사병이 돌 때도 유대인들의 죄 때문이라는 주장 아래 대학살이 있었고, 1차 세계대전에서 돌아온 독일인들에게 패배의 원인은 다름 아닌 유대인들이었다. 로마제국의 멸망은 이단 종교들 때문이고, 사산제국의 패배는 '불멸의 불'이 꺼져버려서란다. 터키의 불행은 쿠르드족 때문이고, 프랑스의 행복은 독일과 영국이 막는다…. 서로를 의심하고 증오하게 하는 원인에 대한 인류의 집착. 예측 불가능하고 이해하기 어려운 일들이 생기면 자동으로 빠지게 되는 인간의 하드웨어적 착시현상 중 하나다. 특히 모두를 두려움과 패닉에 빠지게 하는 팬데믹 시대에는 더욱 그렇다. 중국에서 처음 시작되었으니 모두 중국인을 증오했고, 한국으로 퍼지니 갑자기 한국인은 전 세계에서 새로운 유대인이 되어버렸다. 이탈리아, 영국… 모두 마찬가지이다. 바이러스가 도착하는 순간 그들은 다른 이들의 혐오와 증오의 대상이 된다. 중세기 흑사병을 표현한 미하엘 볼게무트의 〈죽

미하엘 볼게무트, 〈죽음의 무도〉

음의 무도〉는 동시에 자신의 불행과 두려움을 언제나 타인에게 아웃소싱하려는 우리 인간들의 '비겁의 무도'인지도 모르겠다.

우리가 경험하는 많은 불행과 행복은 사실 아무 이유 없이 일어난다. 이유가 없다는 게 무슨 의미일까? 주사위를 던지듯 완벽한 랜덤 현상일 수도 있고, 아니면 너무 많은 인과관계의 상호작용을 통해 벌어지는 극도로 복잡한 현상일 수도 있다. 중요한 것은 랜덤과 복잡성 모두 뇌가 기대하는 단순하고 선형적인, 일대일 매칭이 가능한 인과관계와는 거리가 멀다는 점이다. 그런 의미에서 우리는 우연의 결과로 대한민국에서 지금의 부모님 아래 태어났고, 우연은 우리에게 방탄소년단 공연장 최고의 좌석을 얻는 행운을 주기도 하지만, 반대로 하필 내가 탄 비행기가 추락하는 불행을 가져다주기도 한다. 인생 대부분은 우연과 확률의 꼬리물기다. 필연과 운명은 현실이 아닌 예술과 종교의 영역일 뿐이라는 말이다.

자연이 만들어놓은 무지의 함정에 빠져 허우적대는 인간. 어떻게 탈출할 수 있을까? 정치와 애국심과 종교만을 통해서는 어려울 것이다. 팩트와 논리가 기본이 아닌 답은 결국 '맹인을 이끄는 맹인' 같은 역할을 할 뿐일 테니 말이다. 그렇다면 앞으로 계속 반복될 수밖에 없는 팬데믹의 미래에 어떻게 대응해야 할까? 우선 바이러스에 대한 막연한 두려움이 아닌, 바이러스는 생명체의 영원한 동반자였다는 현실적 인정으로 시작해야 한다. 독일 주간지 〈디차이트〉는 최근 "인류에게 질병과 전염병은 본질적 팩트이자 거울이다"라고까지 주장한 바 있다. 스스로 존재할 수 없는, 기본 생명체의 기능을 가지지 않은 바이러스의 진화적 기원은 여전히 미스터리다. 초기 생명체에서 우연히 독립된 유전자 정보라는 가설도 있고, 반대로 자유롭게 움직이던 유전자 정보들이 한곳에 갇히며 생명체로 진화했다는 주장도 있다. 바이러스는 숙주 생명체의 유전자 정보를 해킹할 수 있기에 생체 면역 조직은 외부에서 침입한 바이러스와 끝없는 전쟁을 벌여야 한다. 지금 이 순간에도 말이다. 특히 다른 종으로부터 전파되었기에 아직 면역성을 가지지 못한 동물성zoonotic 바이러스는 위험하다. 코로나바이러스Sars-Cov-2 역시 박쥐로부터 다른 숙주를 거쳐 인간에게 전파된 동물성 바이러스다. 치사율은 사스의 치사율보다 한참 낮다지만 사회, 경제에 미치는 영향은 이미 100퍼센트인 듯하다. 어쩌면 너무나 당연한 일인지도 모르겠다. 버튼 하나만 누르면 지구 반대편 친구의 얼굴을 볼 수 있고, 음식과 드라마 주문이 가능한 세상에 너무나도 적응해버린 우리. 세상에 대한 모든 정보를 언제든지 알 수 있고, 이 세상 모든 일들을 제어할 수 있다는 망각에 빠진 21세기 인류에게 자연은 말하려는 듯하다. 아니, 너희들은 아직 멀었다고. 나무 아래로 내려온 지 얼마 되지 않은 벌거벗은 원숭이인 인간은 여전히 자연의 뜻을 따라야 한다고 말이다.

감염병과 바이러스는 인류의 영원한 동반자였다. 이미 수많은 팬데믹을 극복한 우리는 이번 팬데믹도 극복할 것이다. 하지만 이데올로기와 기도를 통해서는 아니다. 인류가 극복한 수많은 다른 문제처럼 결국 과학과 기술의 발전을 통해서만 해결할 수 있다. 과학과 기술은 인류를 행복하게 해줄 수 없다. 하지만 인류를 현실의 불행에서 해방시켜줄 수 있는 것은 오로지 과학과 기술, 논리와 이성이라는 사실을 잊지 않았으면 좋겠다.

산드로 보티첼리, 〈아프로디테와 아레스〉

음모론

'쿠이 보노?'

아무리 능력이 있어도 이성에게 인기 없는 건 과학자와 공학자의 피할 수 없는 운명인 걸까? 미국 인기 시트콤 〈빅뱅이론〉에서 단골로 등장하던 주제였다. 더구나 하루이틀 일이 아닌 듯하다. 그리스·로마 신화에 등장하는 무적의 무기들을 만들었다던 대장장이 신 헤파이스토스. 사랑의 신 아프로디테를 아내로 삼았지만, 못생기고 다리까지 저는 공학자의 신을 사랑하지 않았던 아프로디테의 관심은 오로지 아레스뿐이었다. 사랑의 신 아프로디테와 전쟁의 신 아레스의 불륜은 올림푸스 신들 사이 최고의 가십거리였을 것이다.

소문, 험담, 뒷말, 가십…. 왜 우리는 남들에 대한 이야기를 하는 것일까? 진화심리학에서는 가십의 기원을 불륜 방지를 위한 사회적 시스템으로 해석한다. 우선 '이기적 유전자' 프레임으로 인간 행동의 대부분은 유전자를 다음 세대로 넘겨주려는 진화적 목표를 기반으로 한다고 가정해보자. 그렇다면 문제가 하나 생긴다. 본인이 낳은 아이가 유전적으로 자신의 자식이라는 확신을 가질 수 있는 여자와 달리 남자의 확신은 100퍼센트보다 낮을 수밖에 없다. 시간과 에너지를 타인의 유전자를 위해 낭비할 수도 있다는 말이다. 민감한 내용인 만큼 정확한 결과는 얻기 어렵겠지만, 대부분 조사에 따르면 결혼한 미국 남성의 20~40퍼센트, 그리고 여성의 20~25퍼센트 정도가 불륜 관계를 가진 적이 있다고 한다. 가십의 기원은 그렇다면 호모 사피엔스의 평판 관리 알고리즘이라고 볼 수 있겠다. 우리는 상대방의 생각을 읽을 수 없다. 더구나 앞으로 함께 아이를 키워야 할 파트너의 미래 마음과 성향을 오늘 어떻게 알 수 있겠는가? 답은 데이터다. 과거 데이터를 기반으로 아마존과 넷플릭스가 소비자 선호도를 추론해내듯, 우리 모두 타인의 과거 행동을 통해 그들의 미래 선택을 예측하려는 '데이터 사이언티스트'인 것이다. 그리고 여기서 가십은 결정적 역할을 할 수 있다. 타인의 모든 행동과 선택을 직접 관찰할 수는 없지만, 소문과 가십을 통해 추론해볼 수는 있겠다. 바람둥이로 소문난 남자와 여자를 유전적인 관점에서만 보고 파트너 삼기에는 부담스러울 수 있다는 말이다.

그렇다면 시시콜콜한 개인적 가십을 떠나 집단적 소문의 기능은 무엇일까? 우선 소문이란 공식 뉴스 채널이 존재하지 않던 시대에 최적화된 정보 수집 채널이라고 해석해보자. 세계화라는 단어가 등장하기 전 수천, 수만 년 동안 인류는 서로에 대해 거의 아무것도 알 수 없는 세상에서 살고 있었다. 대부분 유전적 친척 관계인 작은 집단에서 살았던 인간에게 자신이 살고 있던 마을의 끝은 동시에 세상의 끝이기도 했으니 말이다. 서로를 알고 의지할 수 있는 작은 마을을 넘는 순간 미지와 위험의 세상이 시작된다. 고향은 밝고 따뜻하지만, 타향은 어둡고 춥다. 언제 어디서 무서운 맹수나 독사가 나타날지 모른다. 더구나 그곳엔 맹수와 독사보다 더 두려운 것이 하나 있다. 바로 누구인지 알 수 없는 이방인이다.

모르는 사람. 알 수 없는 인간. 족보와 혈통이 없는 사람. 특히 자신의 마을을 떠난 이들은 수상하다. 왜 안전한 마을을 떠나 이곳으로 온 걸까? 그들이 나에게 다가오는 이유는 자신들에게 없는 걸 내가 가지고 있어서가 아닐까? 외부인은 언제든지 나와 내 가족의 목숨을 위협할 수 있다. 고생하고 굶주리며 아낀 식량을 잃고, 아내와 딸들 역시 그들에게 빼앗길 수 있다. 준비를 해야 한다. 산과 강 넘어 더 넓은 세상에서 무슨 일들이 벌어지고 있는지, 그들이 누구인지 알아야 한다. 좋고 행복한 일엔 별로 관심 없다. 남들에게 좋은 일 있어봐야 내 배가 부르지는 않다. 정말 관심 있는 일은 불행과 위협이다. 우리 마을에도 언제든지 닥칠 수 있는 일들을 미리 알아야 준비할 수 있겠다. 만약 걱정했던 일들이 벌어지지 않는다면? 타인의 불행이 다행히도 나의 불행이 되지 않는다면, 나는 그 누구보다 더 안심하고 행복해할 것이다….

　여전히 신문과 뉴스는 사고와 재난으로 가득하고, 미국 작가 수전 손태그의 말대로 '타인의 고통'이야말로 인간에게 가장 큰 즐길 거리 중 하나인 이유다. 독일어에는 '샤덴프로이데 Schadenfreude'라는, 타인의 불행을 즐긴다는 표현까지 있지 않던가? 그런데 아무리 준비하고 조심해도, 우리의 삶은 여전히 실패와 슬픔으로 가득하다. 허리가 휘어지도록 일해도 아이들은 언제나 배고픔을 하소연하고, 전쟁과 질병은 일순간의 작은 행복조차 허락하지 않는다. 왜 그런 걸까? 이 세상에서 어른으로 산다는 것은 왜 이렇게도 힘든 걸까? 내가 모르는, 우리 불행의 이유가 있지 않을까?

인간의 뇌는 세상에서 일어나는 대부분의 일은 결국 필연과 우연의 결과라는 사실을 받아들일 수 없다. 원인과 이유 없이는 존재 그 자체가 무의미해진다고 생각하기에, 인간은 언제나 이유와 원인을 찾으려 한다. 특히 기근, 전쟁, 대공황, 팬데믹 같은 거시적인 현상들은 도무지 이해할 수 없다. 나는 열심히 일했을 뿐인데? 나는 아무도 해치지 않았는데? 나는 박쥐를 먹지도 않았는데? 나 자신은 언제나 결백하다고 믿고 싶은 우리. 지금까지 타인의 고통을 우리의 행복으로 삼았기 때문일까? 이제 우리의 고통은 타인의 행복일 것이라고 믿기 시작한다. "쿠이 보노cui bono?" 고대 로마인들이 던졌던 질문이다. 원인을 모르는 일이 벌어졌다면 가장 먼저 그 사건이 누구에게 도움이 되는지 질문하라는 것이다. 음모론의 역사적 탄생이었다.

굶주림과 전쟁과 전염병의 끝없는 반복이었던 중세기. 유럽인들은 본인의 불행을 타인의 존재를 통해 설명하기 시작한다. 바로 유대인들이었다. 고향도 국가도 없는 '영원한 이방인'인 그들이야말로 모든 불행과 재난의 원인이지 않을까? 농사를 망치면 유대인 때문이고, 마을에서 병이 돌면 유대인들이 우물에 독을 넣었기 때문이란다. 혹시 이 모든 것들이 서로 연결된 것은 아닐까? 이 세상 모든 전쟁과 대공황과 질병 뒤에는 유럽인들을 노예화하려는 유대인들의 음모가 있지 않을까? 엄청난 패턴이 보이기 시작한다. 음모의 증거가 없으면 만들어내면 된다. 1903년 러시아에서 출간된 《시온 장로 의정서》라는 위서는 세계 정복을 꿈꾸는 유대인들의 가짜 회의록을 소개하기까지 한다.

이 세상의 감당하기 힘든 수많은 문제. 현대 과학은 진화적, 사회적, 역사적 그리고 우연의 결과를 원인으로 제시하지만, 역시 인간은 원인과 의도를 구별하지 못하는 걸까? 마치 쉽게 떠올릴 수 있는 착시 이미지에서 존재하지 않는 삼각형과 원이 보이기 시작하듯, 이해할 수 없었던 사건들의 '깊은' 이유들이 패턴으로 보이기 시작한다. 알고 보니 모든 것이 서로 연결되었던 것이었구나! 우리의 불행은 누군가의 이익이자 행복이었구나! 대부분의 음모론은 이해할 수 없는 현실을 설명하기 위해 뇌가 일으킨 인지적 착시현상이라는 말이다.

인간의 뇌가 지닌 존재하지 않는 것을 볼 수 있는 능력
은 아름다움과 상상력의 기반이지만, 동시에 반인류적 대
학살과 비이성적 음모론의 기원이 되기도 한다. 백신을 통
해 세상을 지배하려는 빌 게이츠 재단이 코로나바이러스
를 의도적으로 퍼트렸다는 황당한 음모론이 인터넷에서
인기를 끌고 있는 오늘날. 점점 더 복잡해지는 사회와 함께
더 거시적으로 얽힌 인과관계들로 가득할 미래 세상의 인
류는, 존재하지 않는 의도와 패턴을 보기 위해 더 초현실적
인 가짜뉴스와 음모론에 집착할 수 있다는 말이다.

세계화

선택된 자들의 게임

그동안 너무나 당연하게 생각했던 걸까? 미국 아마존을 통해 책 몇 권 주문하려다 한동안 한국으로 배송이 어렵다는 공지사항을 읽고 놀랐다. 과거엔 너무나도 당연하던 일들이 더 이상 당연하지 않은 세상. 그리고 그런 사실에 놀라고 있는 나 자신을 바라보며 다시 한번 놀랐다. 몇 번의 클릭으로 언제든지 해외에서 책을 주문할 수 있다는 사실은 당연하지도, 언제나 그랬던 것도 아닐 테니 말이다.

세상은 하나가 되었고 우리는 세계화된 세상에 살고 있었다. 스페인에서 디자인된 옷을 입고, 독일 차를 몰며 미국식 드라이브스루 체인 레스토랑에서 음식을 먹는 세상. 반대로도 비슷하다. 국내 기업이 만든 휴대폰과 자동차를 세계인들이 구매하고, 알프스산 꼭대기와 칠레 가장 남쪽에 자리잡은 마트에서 한국 컵라면을 주문할 수 있다. 제품만이 아니다. 경복궁에선 한복을 곱게 입은 외국인 관광객들을 볼 수 있고, 이스라엘 벤구리온 공항은 성지순례 온 한국인 관광객들로 붐빈다. 제품과 서비스와 사람의 이동이 자유로워진 세상. 경쟁력만 있다면 어디에서든 원하는 가격을 받을 수 있는 거대한 시장이 되어버린 세상이다.

물론 세계화가 완전히 새로운 것은 아니었다. 수십만 년 전 동아프리카에서 처음 등장했다는 호모 사피엔스. 모두의 뿌리가 같은 곳에 있으니, 세계화는 결국 다시 모두가 함께 살고 생존하던 인류의 '원천 상태Urzustand'로 되돌아가려는 노력인지도 모르겠다. 이미 원시시대에도 그랬다. 중동에서 발견된 돌도끼와 유라시아 끝 한반도에서 발견된 돌도끼는 구별하기 어렵고, 불과 바퀴와 농사기술은 수만, 수천 년 전 세계화를 통해 전파되었다. 칼로 사람의 살을 벨 수 있고, 활과 화살로 적을 죽일 수 있다는 사실. 초원과 강과 바다를 건너 세계인 모두에게 확장된 혁신이었다. 진화학자 리처드 도킨스가 밈meme이라 부른 '끈질기고 전파력이 강한 생각의 바이러스' 역시 고대 세계화를 통해 세상으로 전파되었을 것이다. '세상과 나를 만든 알 수 없는 전

능한 존재'에 대한 상상, '어제까지 세상을 바라보던 부모
님들이 눈을 감고 가셨을 그 어딘가'에 대한 믿음, '간절하
게 소망하면 원하는 것을 달성할 수 있지 않을까'라는 희
망…. 누군가의 뇌에서 처음 시작해 전 세계인들의 뇌 속으
로 파고든 고대 세계화의 결과물들이다.

　그리스·로마 전통의 재발견 덕분일까? 혹은 구텐베르크
의 인쇄술과 아메리카 신대륙 발견 때문일까? 아니면 프로
테스탄트적 윤리와 자본주의 정신의 도움 덕분일까? 이유
야 어떻든 결과는 분명하다. 16세기를 계기로 유럽과 나머
지 세상 사이에 격차가 벌어지기 시작한다. 당사자들도 느
끼기 어려웠을 정도로 미세했던 초기의 차이는 18, 19세기
가 되며 초격차 수준의 과학기술, 군사, 경제적 차이로 증
폭했고, 덕분에 스페인을 시작으로 네덜란드와 영국은 새
로운 개념의 '세계화'를 시작할 수 있었다. 어떤 세계화였
을까? 고대 세계화의 핵심은 '균형과 보편성'이었다. 비슷
한 수준의 마을과 문명 사이에서의 세계화는 대부분 '윈-
윈'이었다. 서로가 필요한 것들을 주고받기에, 적어도 평
균적으로 거래의 결과는 공정했다. 더구나 거래한 물건의
원산지를 알 수 없었거나, 알더라도 접근할 수 없었기에,

16세기 이전의 세계화는 대부분 보편적이었다. 실크로드를
거쳐 유럽으로 전파된 화약과 나침반과 지폐는 중간 거래
를 책임지던 민족들에게 역시 전파되었다. 하지만 서양이
세상을 주도하기 시작한 '대분기Great divergence'라 불리는 역사
적 시점은 새로운 형태의 '세계화'를 탄생시킨다. 너무나도
강한 자와 너무나도 약한 자의 거래. 이미 많은 걸 알고 있
는 자와 아직 아무것도 모르는 자의 협상. 16세기 이후 민
족과 국가 사이의 거래는 더 이상 평등하지 않았고, 유럽의
거대한 무역선들은 후추와 도자기와 노예를 원산지로부터
직거래하기 시작한다. 선택된 국가들이 선택한 국가들과의
거래만 허락하기에, 이제 세계화는 더 이상 인류 보편의 현
상이 아닌 선택된 자들만의 게임이 되어버린 것이다.

　더구나 16세기 유럽은 종교와 이데올로기의 세상이었
다. 그것도 광적으로 말이다. 고대 로마제국의 정신적 후계
자라고 주장하던 로마 가톨릭을 부정한 프로테스탄트 운
동. 남아메리카를 정복한 가톨릭 스페인과는 달리 아시아
와 북아메리카를 장악한 반가톨릭 네덜란드와 영국. 이제
세계화는 더 이상 단순한 물건과 물건의 교환이 아닌 자신
이 지지하는 종교와 이데올로기의 승리를 위한 전략적 도

페테르 파울 루벤스, 〈성 프란치스코 하비에르의 기적〉

구이기도 했다. 덕분에 인도, 중국, 일본을 방문해가며 천
주교의 위대함을 전파한 스페인 출신 프란치스코 하비에
르는 성자가 되었고, 루벤스의 그림 〈성 프란치스코 하비
에르의 기적〉에서 그는 가짜 신들과 우상을 숭배하는 동양
인들에게 참된 신과 진실을 설교하고 있는 것이다. 그렇다
면 궁금해진다. 도대체 진실과 참의 기준은 무엇일까? '우
연히'도, 그리고 너무나 편리하게도 언제나 자신들의 참과
진실이었다. 그러니 어쩌겠는가?《정글북》으로 유명한 영
국 작가 러디어드 키플링은 세계인을 문명화시키는 것이
야말로 백인의 책임이자 부담이라며 호들갑 떨었고, 고마
움을 모르는 중국인들은 한바탕 혼나야 한다며 유럽인들
은 청나라의 의화단 운동을 무력으로 제압한다.

　　중국사회과학원 학자 자오팅양은 그의 저서《천하체계》
에서 주장한다. 그동안 '세계화'는 사실 '서양화'의 다른 이
름일 뿐이었다고. 특히 2차 세계대전 이후 설립된 '팍스아
메리카나'는 미국의, 미국에 의한, 미국을 위한 패권제도라
는 것이다. 더구나 서양 위주의 세계화에는 본질적인 문제
가 하나 있다. 기독교 사상을 기반으로 한 서양은 언제나
참과 이단을 분리하려 한다는 것이다. 독일 법학자 카를 슈

빅터 길럼, 〈백인의 부담〉, 잡지 〈Judge〉(1899) 수록.

미트가 말했듯 서양의 진리는 친구와 적을 구별하는 이진
법을 기반으로 하기에 자오팅양은 서양 위주의 진정한 세
계화는 절대 불가능하다고 역설한다. 영국 대 독일, 미국
대 소련, 그리고 이젠 미국 대 중국. 서양적 프레임에는 언
제나 적이 필요하기에 모두가 포함된 보편적 세계화는 어
렵다는 말이겠다. 자오팅양은 대신 고대 주나라가 실천했
다는 '천하체계'를 제안한다. 언제나 나와 다른 이를 구별
하는 서양과 달리 중국은 본질적이고 변치 않는 정체성을
인정하지 않는다. 서양식 제국은 언제나 자신과 구별되는
적을 분류하고 파괴하려 하지만, 중국의 천하체계는 모든
국가와 민족을 원천적으로 분류할 수 없는 하나로 인정하

기에 진정한 세계화가 가능할 수 있다는 것이다. 뭐 다 그
럴싸하다. 그런데 뭔가 찜찜하기도 하다. 서양인들이 말하
던 세계화가 사실 서양화였던 것처럼, '천하체계' 역시 사
실은 중국의, 중국에 의한, 중국을 위한 새로운 패권체계를
말하고 있는 건 아닐까?

2008년 금융위기를 경험하며 많은 이들이 세계화에 등
을 돌렸고, 트럼프와 브렉시트는 반세계화의 정치적 가능
성을 증명하고 있다. 그렇다면 세계화가 지금까지 유지되
고 있었던 이유는 결국 하나뿐이겠다. 세계화된 경제 시스
템이 가장 효율적이었기에 우리는 여전히 글로벌한 세상
에 살고 있었던 것이다. 하지만 코로나바이러스의 등장은
세계화된 경제 시스템의 치명적 문제를 보여주고 있다. 지
금까지 그렇게 효율적이던 글로벌 아웃소싱과 공급 사슬
망이 역설적으로 치명적인 문제가 되어버렸으니 말이다.

앞으로 포스트 코로나 시대의 핵심은 세계화와 반세계
화의 경쟁이 아닐 수도 있다. 우리가 걱정하고 대비해야 할
진짜 싸움은 기존 서양화를 말하는 미국과 새로운 천하체
계를 꿈꾸는 중국 사이의, 둘 다 가짜인 '페이크 세계화'의
싸움일 수도 있겠다.

진실

역사의 종말

기후변화 탓에 매일 40도가 넘는 무더운 203×년 여름. 포
퓰리즘과 반半독재 국가들이 대부분인 세상에 얼마 남지
않은 민주주의 국가들 중 한 곳. 대선이 일주일도 남지 않
았는데 여당과 야당 후보의 예측된 표차는 여전히 박빙이
다. 이때 핵폭탄급 동영상 한 편이 인터넷에 등장한다. 이
미 보편화된 6G 통신망 덕분에 걷잡을 수 없는 속도로 빠
르게 확산된 동영상에선 한 후보가 마약을 하며 자신이 대
통령이 되도록 도와준다면 특정 국가와 기업에게 엄청난
혜택을 주겠다고 약속한다. 다음 날 나라는 발칵 뒤집힌다.
해당 후보는 동영상 속 인물은 절대로 본인이 아니라고 주
장하지만, 누가 보더라도 그 후보의 얼굴과 목소리였고, 그
의 알리바이 역시 분명하지 않다. 그래서였을까? 다음 주

대선에선 경쟁 후보가 근소한 차이로 승리한다.

새 정부가 들어선 지 6개월. 충격적인 사실이 밝혀진다. 바로 그 동영상은 컴퓨터 천재로 유명한 한 고등학생이 장난 삼아 인공지능 기술로 만들어낸 가짜 동영상이라는 것. 긴급 기자회견을 연 대통령은 본인의 대선 승리와 가짜 동영상과는 인과관계가 없다고 주장한다. 동영상 사태가 없었어도 본인이 승리했을 거란다. 인과관계를 증명하는 건 사실 현실적으로 불가능하다. 통계학적으로 의미 있는 결과를 얻으려면 가짜 동영상의 존재를 랜덤으로 바꿔가며 동일한 선거를 수백 번 반복해봐야 할 테니 말이다. 반대로 대선에서 패배한 후보는 강하게 인과관계를 주장하고, 대선 결과를 절대 인정할 수 없으며 헌법재판소의 탄핵심판 절차를 밟겠다고 선언한다.

과거 공상과학 영화에서나 등장하던 인공지능. 기계에게 논리와 수학을 통해 세상을 설명해주려던 시도들은 대부분 실패하고 인공지능 분야가 긴 '겨울'에 빠져 있던 2000년대. 제프리 힌턴, 얀 르쿤, 요슈아 벤지오 교수와 연구진들의 혁신적인 성과에 힘입어 인공지능은 '딥러닝'이라는 새로운 이름으로 재탄생한다. 딥러닝은 무엇이었던가? 인간의 뇌를 모방한 인공신경망을 사용해 기계에게 학습 능력을 부여하자는 아이디어였다. 이 단순한 발상의 결과는 기대 이상이었다. 지난 50년간 풀리지 않았던 많은 문제가 빠르게 풀리기 시작했으니 말이다. 가장 먼저 풀린 문제는 사물 인식이었다. 교통상황을 실시간으로 인식할 수 있기에 이제 자율주행차를 상상해볼 수 있고, 딥러닝으로 무장한 기계는 헤어스타일과 나이가 달라도 동일한 인물로 정확히 인식한다. 중국 여러 공공장소에서 이미 딥러닝 CCTV를 사용해 반정부 인물들을 식별해보려고 시도하는 이유다. 그렇다면 이런 생각을 해볼 수 있겠다. 후손들이 우리가 살고 있는 지금 이 시대에 이름을 붙인다면, 기계가 세상을 알아보기 시작한 시대라고 하지 않을까? 중세기, 르네상스 시대, 근대…. 우리는 과거 시대에 이름을 붙여준다. 물론 중세기에 살았던 본인들은 자신이 중세기에 살았는지 알 리가 없다. 고대와 르네상스 시대 사이 어정쩡하게 끼어 있는 '중간 시대'라는 기분 나쁜 이름을 역사학자들이 붙여주었을 뿐이다. 이와 비슷하게 역사적으로 21세기를 대표하는 가장 중요한 사건은, 지금 이 시대를 살고 있는 우리에게 중요한 포퓰리즘도 세계화 붕괴도 아닌, 스스로 세상을 알아보는 기계의 등장이라고 미래 역사학자들이 평가할 수도 있다는 말이다.

세상을 알아보는 기계. 어쩌면 우리는 이제 되돌릴 수 없는 판도라의 상자를 열어버렸는지도 모른다. 인간이 만들어낸 데이터를 통해 학습하던 기계는 이제 스스로 새로운 데이터를 만들기 시작했다. 바로 생성적 적대 알고리즘Generative Adversarial Network, GAN이라는 기술 덕분이다. 기존 기계 학습은 대량의 라벨 데이터를 필요로 한다. '고양이'를 알아보는 기계를 만들기 위해서는 고양이 사진과 '고양이'라는 정답이 함께 주어져야 한다는 말이다. 소비자들이 라벨링한 천문학적 데이터를 이미 확보한 구글, 페이스북 같은 특정 기업들이 미래 산업을 독점할 수 있겠다고 걱정한 젊은 공학자 이안 굿펠로우는 그래서 2014년 GAN을 제시한다. 물체 인식을 하는 '인식기'와 데이터를 만들어내는 '생성기'를 서로 경쟁시킨다면 소비자 라벨링 없이도 인식기가 알고 있던 진짜 데이터와 구별할 수 없는 새로운 데이터를 만들 수 있지 않을까? 인공지능이 가짜 데이터를 대량생산하기 시작한 시점이었다.

할리우드 영화배우를 닮은 가짜 인물들이 미래 영화에

GAN으로 만들어진 가짜 얼굴들(출처: ThisPersonDoesNotExist.com)

서 주연으로 등장하고, 내 식구들과 비슷한 얼굴 역시 대량 생산될 수 있다. 조금 더 발전된 기술을 사용하면 유명 정치인들의 얼굴, 행동, 목소리 역시 GAN을 통해 무한으로 왜곡할 수 있겠다. 현대사회의 핵심이라고 할 수 있는 개인과 개인, 국가와 국민 간의 신뢰를 한 번에 무너뜨릴 수 있는 방법이다. 그렇다면 여기서 질문해봐야겠다. 도대체 진실과 거짓의 차이는 무엇일까? 진실이 무엇인지 정의하긴 어렵지만, 중요한 것은 진실은 단 하나인 반면 거짓은 무한히 다양할 수 있다는 점이겠다. 지금까진 진실과 거짓 모두 사람을 통해서만 만들어질 수 있었다. 하지만 인공지능과 GAN으로 이젠 거짓을 대량생산할 수 있게 되었다. 진실은 여전히 사람을 통해 만들어지는 단 하나의 독특한 현상이지만, 기계가 만들어낸 거짓은 무한히 반복되며 무한한 다양성을 지닐 수 있다. 단 하나의 진실과 무한의 거짓이 경쟁할 미래 인터넷 공간. 이 싸움에서의 승자가 누구일지 예측 가능하지 않은가?

역사란 무엇일까? 미래도, 현재도 아닌 과거에 대한 이야기이며, 지금까지의 과거는 더 이상 바꿀 수 없는 것들의 합집합이었다. 물론 과거 기록을 위조하려는 시도는 언제나 있었다. 조지 오웰의 《동물농장》에서 "모든 동물은 평등하다"라고 주장하며 인간을 몰아낸 돼지들이 동물농장의 구호를 "모든 동물은 평등하다. 그러나 어떤 동물은 다른 동물들보다 더 평등하다"라고 살짝 바꿔놓았던 것처럼 말이다. 하지만 오프라인 상태의 아날로그 기록을 완벽히 왜곡하는 것은 쉽지 않다. 언제나 흔적과 기억이 남기 때문이다. 인류 최악의 인종주의 극우파였던 나치들. 아이러니하게도 나치 정당의 공식 이름은 '국가사회주의 독일 노동자당Nationalsozialistische Deutsche Arbeiterpartei, NSDAP'이었다. 노조와 사회주의자 탄압이 주목표였던 그들이 노동자들의 표를 얻기 위해 만들어낸 왜곡된 이름이었다. 하지만 그들의 본색과 행동은 여전히 아날로그 기록으로 남아 있기에, 우리는 독일 몽타주 아티스트 존 하트필드의 1934년 패러디를 여전히 이해할 수 있다. 그 모든 것은 단지 권력 쟁탈을 위한 나치들의 현실 왜곡이었으며 NSDAP라는 이름은 마르크스 분장을 한 아돌프 히틀러일 뿐이라는 것을 말이다.

그러나 요즘 사람들의 흔적 대부분은 오프라인이 아닌 온라인, 아날로그가 아닌 디지털 형식이다. 미래 역사학자들은 정치인들의 편지와 문서가 아니라 그들의 트위터와

존 하트필드, 잡지 〈AIZ〉 16(1934년 4월) 커버

페이스북 댓글을 분석하고 해석해야 한다. 디지털 세상에선 오리지널과 복제품의 차이가 무의미해지고 인공지능 기술을 통한 '페이크' 정보의 무한 생산이 가능해진다. 그렇다면 미래 인공지능 사회는 권력을 획득한 정권의 정치적 의제 설정을 위해 과거 기록이 매번 위조되고 왜곡될 수 있는, 그렇기에 '과거' 역시 현실의 한 영역이 되어버리는 '역사의 종말' 시대가 될 수도 있겠다.

피터르 브뤼헐, 〈바벨탑〉, 위-빈 미술사 박물관 소장, 아래-로테르담 미술관 소장

대도시

제2의 바벨탑

왜 같은 그림을 세 번이나 그린 걸까? 16세기 네덜란드 화가 피터르 브뤼헐은 창세기에 소개된 바벨탑 이야기를 세 점의 유화로 남겼다. 로마에서 그린 첫 번째 작품은 불행히도 남아 있지 않지만, 나머지 버전들은 오스트리아 빈에 있는 미술사 박물관과 네덜란드 로테르담 미술관에 전시되어 있다. 비슷하면서 전혀 다른 브뤼헐의 〈바벨탑〉. 개인적으로 로테르담 버전을 더 선호한다. 신의 노여움이 그렇게도 두려웠던 것일까? 빈 버전의 바벨탑은 아직 완공되지도 않았는데 이미 폐허에 가까운 모습이다. 게다가 그렇게 멋진 탑을 왜 돌산 위에 짓고 있는 걸까? 나약한 인간은 결국 자연과 신의 힘을 빌려야 한다는, 뭐 그런 패배주의적 메시지이지 않을까? 반대로 로테르담 버전은 자부심이 넘친다.

자연의 도움도, 신의 호의도 없이 오로지 인간의 힘으로 만들어진 바벨탑. 질투심 많기로 유명한 신 야훼만 아니었더라면 바벨탑은 여전히 이라크 사막 한가운데 꼿꼿이 서 있지 않을까?

물론 바벨탑은 신의 노여움으로 무너진 것이 아니다. 햇볕에 말린 찰흙 벽돌로 만들어 지었기에, 비와 홍수에 치명적으로 약했던 메소포타미아 건물들. 기원전 18세기부터 내려온 《아트라하시스》의 대홍수 전설과 길가메시 신화에 등장하는 우트나피쉬팀Utnapishtim 이야기, 더 나아가 창세기 노아의 방주 이야기에서도 알 수 있듯, 메소포타미아에서의 홍수는 말 그대로 모든 것의 종말을 의미했기에 허물어진 신전과 성벽을 다시 쌓아올리고 보존하는 것이야말로 도시 지도자의 가장 중요한 의무였을 것이다. 그중에서도 가장 많은 노력이 필요했던 것은 추후 바벨탑의 모델이 될 지구라트Ziggurat였다. 찰흙 벽돌로 수십 미터 높이로 쌓아올린 지구라트 성탑. 바빌로니아의 마르두크, 니푸르Nippur의 닌릴, 아수르Assur의 아슈르, 우루크Uruk의 이난나. 모두 음식을 먹고, 목욕을 하고, 잠을 자고, 사랑을 나누던 신들이다. 고대 메소포타미아인들은 신들이 지구라트 맨 위에 살고 있다고 믿었다. 신은 상징적이지도 추상적이지도 않은, 그들과 함께 같은 도시에 살고 있는 존재였다. 지구라트는 신들의 집이고, 도시는 인간의 집이었기에 홍수와 폭우로 파괴된, 흙덩어리가 되어버린 지구라트를 바라보며 고대 메소포타미아인들은 세상과 도시의 종말을 상상할 수 있었는지도 모른다.

30만 년 전 아프리카를 떠나 유라시아 반도를 떠돌아다니던 호모 사피엔스. 농사의 비밀을 이해한 신석기 시대 인류는 드디어 한곳에 정착하기 시작한다. 길에서 태어나 사랑을 나누고, 길에서 죽어 길가에 버려지던 인간. 드디어 한곳에 정착해 씨를 뿌리고, 양과 염소를 키우기 시작한다. 경험을 통해 뇌의 연결고리들이 완성되는 '결정적 시기'를 이제 같은 곳에서 보내기 시작하며 '고향'이라는 새로운 인지적 바이러스가 우리 뇌를 장악하기 시작한다. 익숙한 사람과 소리와 냄새, 뇌를 완성시키는 것들로 가득한 고향에서 우리는 엄마의 품 같은 편안함을 느끼며 안심한다. 설명할 수도, 설명하고 싶지도 않은 것들로 인류의 첫 도시와 고향은 가득했을 것이다.

괴베클리 테페(기원전 1만 년경), 예리코(기원전 9000년경),

차탈회위크(기원전 7000년경)…. 중동지역의 인류 첫 도시들
은 진정한 의미에서의 도시는 아직 아니었다. 괴베클리 테
페는 신들만을 위한 도시였고, 예리코와 차탈회위크에 살
던 이들에게 도시란 도적과 야생동물로부터 보호받을 수
있는 공간일 뿐이었다. 자연에서 동물을 키우고 농사를 짓
던 그들에게 도시란 자연과 독립된 장소가 아닌, 자연을 통
해서만 생존 가능한 인간을 위한 휴식처였으니 말이다. 하
지만 문명의 바람은 유프라테스와 티그리스강을 타고 서
서히 남쪽으로 흘러갔고, 남 메소포타미아 수메르인들은
인류 첫 대도시, 그러니까 메트로폴리스를 이루는 데 성공
한다. 자신을 '검정 머리 인간 ug-sag-gig-ga'이라고 표현했던
수메르인들. 특히 기원전 3300년에 설립됐다는 우루크는
진정한 인류 첫 번째 메트로폴리스였다. 프리츠 랑 감독의
1927년 SF 영화 〈메트로폴리스〉에서 바벨탑을 능가하는

프리츠 랑, 〈메트로폴리스〉 트레일러

초고층 빌딩들과 건물을 가로지르는 도로와 비행기들로 표현된 대도시의 핵심은 '자연과의 단절'이다. 우루크 이전 도시에서의 삶은 대부분 자연의 연장일 뿐이었다. 하지만 우루크는 달랐다. 자체 생존이 불가능했던 우루크에는 새로운 인물들이 등장하기 시작한다. 먼 곳에서 생산된 곡식을 수입하고, 우루크에서 생산된 사치품과 도자기를 수출하는 상인들. 무역 내역을 관리하기 위해 글과 수학이 발명되고, 회계 장부에서 시작된 글은 문학과 철학과 과학을 가능하게 한다. 대도시의 등장은 드디어 자연과 분리된 '현대 인간'의 탄생을 가능하게 했던 것이다.

대도시의 탄생과 함께 자연으로부터 주체성과 독립성을 확보한 인류. 하지만 동시에 인간은 도시의 노예가 되기 시작한다. 도시의 인프라와 무역 네트워크 없이는 생존 자체가 불가능해졌으니 말이다. 마음에 들지 않으면 언제든지 떠날 수 있었던 신석기 시대 사람들과는 달리, 한 도시에서 태어나고 자라는 대도시인에게 도시 바깥은 죽음과도 같았다. 피렌체에서 추방된 단테가 그의 삶을 잃었듯이, 고향에서 추방된 이는 누구나 약탈하고 살해할 수 있는, 아무 의미도 권한도 없는 존재가 된다.

20세기 초 대도시에서의 인간은 이제 아무 권한도 정체성도 없는, 단지 대도시라는 거대한 기계를 돌리는 톱니바퀴 같은 존재가 되어버린다. 오스트리아 작가 로베르트 무질의 1930년 작품《특성 없는 남자》의 주인공이야말로 아무 특징도 색깔도 없는, 그래서 어디에나 어울리면서도 언제나 외롭고 불안한 자아를 지닌 호모 메트로폴리쿠스, 대도시의 인간을 가장 잘 표현하는지도 모른다. 그래서일까? 힘없는 개인을 대신하는 민족과 인종과 이데올로기를 통해 자아의 두려움을 해소해주겠다며 등장한 20세기 전체주의 사상들 속에서 태어난 새로운 바벨탑들. 보리스 이오판이 소련 공산당을 위해 설계해 1937년 착공한 소비에트 궁전과 나치의 세계 정복 기념을 위해 준비되었던 알베르트 슈페어의 국민대회당Volkshalle. 대리석과 철과 콘크리트로 만들어진 이 새로운 바벨탑에 인간은 더 이상 존재하지 않았다. 로베스피에르와 자코뱅의 집권을 시작으로 스위스 저널리스트의 말처럼 "혁명이 혁명의 아이들을 잡아먹기 시작했다". 자연으로부터 인간을 해방시켜준 대도시가 이제 거꾸로 인간을 잡아먹기 시작한 것이다.

머지않아 인류 대부분이 살고 있을 거라는 대도시. 그렇

왼쪽-소비에트 궁전 우표. 꼭대기에 레닌의 동상이 올라가 있다.
오른쪽-세계수도 게르마니아 모형도. 뒤쪽으로 국민대회당이 보인다.

다면 대도시의 미래는 어떤 모습일까? 두바이, 상하이, 멕
시코시티처럼 더 높고 더 거대한 건물들로 가득한 도시일
까? 아니면 인공지능과 사물인터넷의 스물네 시간 감시 아
래 '안전'과 '행복'을 보장받는, 올더스 헉슬리 스타일의 '멋
진 신세계'일까? 아니면 마치 암세포같이 끝없이 확장해
도시와 자연, 시골과 도시의 차이가 무의미해진, 〈스타워

즈〉 은하제국의 수도 행성 코러산트처럼 지구 전체가 하나의 대도시가 될까? 아니, 어쩌면 대도시의 미래는 완전히 다른 곳에 있는지도 모른다. 가상현실과 증강현실로 무장한 미래 인류는 물질과 원자로 만든 도시가 아닌 정보와 비트로 구성된 가상의 대도시를 선호할 수도 있다. 현실의 도시에서는 개미보다도 못한 무의미한 존재이지만, 가상의 도시에서는 누구나 황제이며 신이며 절대 존재일 수 있으니 말이다. 털 없는 원숭이로 지구에 등장해 자연으로부터 독립된 문명을 만들었지만, 이젠 자신을 해방시켜준 대도시에서 숨막혀가는 호모 사피엔스는, 적어도 가상의 현실에서나마 다시 한번 털 없는 원숭이로 돌아가려 하는지도 모르겠다.

고향

돌이킬 수 없는

1308년, 아름다운 고향 피렌체에서 추방당한 시인 단테는 질문했을 것이다. 왜 나는 내가 사랑하는 피렌체에서 살 수 없는 것일까? 무엇이, 언제부터 꼬이기 시작했을까? 자신의 운명을 설명하기 위해서는 세상을 이해해야 했기에 시인은 시를 쓰기 시작한다. 그것도 매우 긴, 천국과 지옥을 보여주는 시를 말이다. 이탈리아 언어의 기원으로 인정받는 《신곡》에서 단테는 로마 시인 베르길리우스의 가이드를 받으며 지옥과 연옥을 경험한다. 세례를 받지 못하고 죽은 베르길리우스는 천국에 들어갈 수 없기에, 새로운 가이드가 필요했다. 바로 단테의 영원한 여인 베아트리체였다. 여덟 살 된 베아트리체를 우연히 보게 된 아홉 살의 단테. 그는 평생 베아트리체를 기억하고 사랑하기 시작한다. 귀

아뇰로 브론치노, 〈단테의 우화 초상화〉

여운 아이는 아름다운 여자가 되고, 여자는 다른 남자와 결혼한다. 그리고 베아트리체는 죽는다. 스물네 살의 젊은 나이에 말이다. 더 이상 눈으로 볼 수 없고, 귀로 들을 수 없는 베아트리체. 하지만 그녀는 여전히 단테의 기억 속에 존재했고, 잊을 수 없었던 남자는 그녀를 위해 《신생》이라는 책을 쓴다. 어머니의 다리 사이에서 처음 태어났지만 베아트리체를 만나는 순간 다시 태어난 단테. 서른 살에 완성된 책에서 그는 말한다. 이 세상에 존재하지 않는 그녀를 이제는 잊겠다고. 이제는 그녀를 영원히 자신의 기억에서 지우겠다고. 하지만 '영원히'라는 단어는 인간에겐 허용되지 않는 것일까? 먼 훗날 《신곡》에 다시 등장한 베아트리체는 더 이상 아름다운 인간이 아닌 사랑, 자비, 성령 그 자체가 되어버린다. 여덟 살짜리 꼬마아이가 신이 되어버린 것이다.

3,200년 전 어느 날. 고대 그리스 아카이아 연합군은 머나먼 트로이아로 출항한다. 하지만 연합군 사령관 아가멤논에게 진노한 아르테미스 여신이 바다의 바람을 멈춰버리자 아카이아인들의 무시무시한 검은 배들은 무용지물이 된다. 해결책이 필요했다. 그것도 지금 당장 말이다. 영리한 오디세우스에게 설득당한 아가멤논은 그리스 최고 영

웅 아킬레우스와 결혼하게 되었다며 자신의 딸 이피게네이아를 유인해 아르테미스 여신에게 바친다. 그녀를 불쌍히 여긴 여신은 이피게네이아를 머나먼 흑해의 타우리스섬으로 데려가 그곳에 도착하는 이방인들의 목을 베어 제물로 바치는 일을 하게 한다. 자신을 만든 아버지에게 속은 여인. 자신을 가장 잘 이해해주고 위로해줄 수 있는 다른 이방인들을 제물로 바쳐야 하는 외로운 이방인 이피게네이아. 마치 에드워드 호퍼의 그림에서처럼 그녀는 매일 아침 수평선에 뜨는 해를 바라보며 생각했을 것이다. 제발 오늘은 아무도 오지 말아달라고. 아니, 누구라도 와달라고. 아니, 절대 와서는 안 된다고. 아니, 바로 제물로 바쳐지더라도 새로운 누군가의 얼굴을 바라보고 싶다고.

인간은 왜 고향에 오면 마음이 편해지고, 타국에 살면 고향이 그리워지는 것일까? 왜 피렌체를 떠난 단테는 견딜 수 없는 그리움과 외로움을 베아트리체라는 마음속 고향을 통해 달래려 했고, 타우리스섬에 갇힌 이피게네이아는 왜 필요 이상으로 더 많은 이방인들을 죽이기 시작한 것일까? 이민, 이주, 망명, 귀향, 추방. 고향을 떠난 우리는 더 이상 그 전의 우리가 아니다. 그 이유를 뇌 발달과 연결시켜

설명할 수 있다. 1,000억 개 신경세포들 간의 수많은 시냅스(연결고리)들. 모든 시냅스들의 위치와 구조를 유전적으로 정확히 물려받기는 불가능하기에 뇌는 미완성 상태로 태어난다. 대신 뇌에게는 약 10년간의 '결정적 시기'가 있다. 결정적 시기 동안 자주 사용되는 시냅스들은 살아남고, 사용되지 않는 시냅스들은 사라진다. 결정적 시기의 뇌는 젖은 찰흙같이 주변 환경을 통해 주물러지고, 모양이 바뀔 수 있다는 말이다.

  고향이 편한 것은 어릴 적 경험한 음식와 소리, 얼굴들과 풍경, 이 모든 것들이 우리의 뇌를 완성시킨 바로 그 요인들이기 때문이다. '나'라는 존재를 만든 우리의 고향. 고향을 떠난다는 것은 '나'라는 존재의 원인과 이유를 의심하기 시작한다는 말과 동일하다. 질문이 무의미한 고향과 대답이 무의미한 타향. 그런데 여기서 흥미로운 질문을 하나 할 수 있겠다. 만약 이민을 가지도, 망명도 추방도 당하지 않았지만 나의 고향이 더 이상 내가 자란 그 고향이 아니라면? 수백, 수천 년 동안 세상의 시계는 멈춰 있는 듯했다. 우연히 이 마을, 이 부모에게 태어나 죽도록 일만 하다 마흔 살이 되기 전에 죽는다. 이것도 그나마 운이 좋은 경우이다. 신, 영웅, 귀족이 아닌 평범한 인간에게 시간의 흐름이란 무의미했기에, 결정적 시기에 뇌를 완성시킨 '세상'은 대부분의 사람들에겐 불변의 진실이었다. 하지만 더 이상 변하지 않는 것은 아무것도 존재하지 않는 오늘. 오늘은 어제와 다르고, 내일은 예측 불가능하다. 오늘의 진실은 내일의 이단이고, 어제의 패션은 오늘의 난센스다. 나는 변하지 않았지만 세상이 변했기에, 나는 내 고향에서조차 이방인이 되어버린다.

고향에서의 이방인이란 어떤 느낌일까? 10년이라는 긴 전쟁을 끝내고 고향 이타카로 돌아가려는 오디세우스. 하지만 신들의 노여움을 산 그는 또다시 10년 동안 고향을 찾아 유랑해야 한다. 키클롭스섬의 외눈박이 거인에게 잡히고, 마녀 키르케의 섬에선 동료들이 돼지로 변한다. 그리운 명절마다 고향을 향해 달려가는 우리, 해외에 살면 갑자기 애국자가 되어버리는 우리, "아리랑, 아리랑, 아라리오"라는 노래를 들으면 마음이 찡해지는 우리, 태어나고 자랐기에 내가 나 자신이 될 수 있는 고향으로 향하는 우리 모두 오디세우스의 후손인 것이다. 그러나 잠깐! 키르케의 섬에서 탈출한 오디세우스는 지옥 하데스에서 예언자 테이

레시아스를 만나 그에게 물어본다. 자신은 고향으로 돌아
갈 수 있냐고. 저명한 예언자는 말한다. 그래, 오디세우스,
먼 시간이 걸리겠지만 결국 이타카로 돌아갈 것이다. 사랑
스러운 아내를 품에 안을 것이고, 멋진 청년으로 자란 아들
을 볼 수 있을 것이다. 하지만 오디세우스여, 이것만은 알
아야 한다. 네가 아는 고향에 도착한 너는 다시 네가 아는
고향을 떠나야만 너의 진정한 고향으로 돌아갈 수 있다….
죽을 고생을 해서 돌아가려는 고향이 고향이 아니고, 진정
한 고향으로 가려면 고향을 다시 떠나야 한다니 그게 무슨
말일까?

　아일랜드의 국민작가 제임스 조이스. '오디세우스'의 라
틴어 이름을 제목으로 한 그의 대표작 《율리시스》는 주인
공 레오폴드 블룸의 긴 하루를 마치 오디세우스의 열여덟
가지 이야기처럼 보여준다. 거인 키클롭스의 이야기는 더
블린시의 주점 이야기가 되고, 칼립소 여신과의 7년 동안
의 사랑은 이클레스가 7번지 이야기로 변한다. 길고도 긴
하루의 유랑을 끝내고 아늑한 집으로 돌아온 레오폴드 블
룸. 하지만 그는 정말 집으로 돌아온 것일까? 유대인인 블
룸에게 집과 고향이란 과연 무슨 의미일까? 이스라엘을 떠

나 2,000년이라는 긴 시간을 걸쳐 아일랜드까지 온 블룸의
조상들. 더블린에 있는 그의 집이 진정한 고향이 아니듯 오
디세우스의 진정한 고향은 그리스 이타카가 아니라는 말
이다. 그렇다면 오디세우스의 진정한 고향, 아니 우리 모두
의 진정한 고향은 과연 어디일까?

호메로스의 《일리아스》는 아킬레우스의 참을 수 없는
분노로 시작한다. 그리스 최고의 영웅 아킬레우스, 신들의
은총을 받는 아킬레우스의 분노는 어디에서 오는 것일까?
사랑하는 포로 브리세이스를 연합군 사령관 아가멤논에게
빼앗긴 아킬레우스는 전쟁 참여를 거부하고, 그리스인들은
패배할 위험에 빠진다. 아킬레우스를 설득하러 온 오디세
우스. 그는 이 세상 최고의 보물과 여자와 말을 약속한다.
하지만 아킬레우스가 원하는 것은 말이나 여자, 보물이 아
니었다. 자신의 연인 브리세이스와 이미 잠자리를 같이한
아가멤논. 지우려 해도 지울 수 없는 상상과 기억. 그 어느
보석으로도 바꿀 수 없는 사라진 마음의 평온. 아킬레우스
는 불가능한 것을 원한다. 세상에 산다는 것은 결국 거기가
거기다. 우리는 무의미한 이 세상의 부와 권력에 아가멤논
처럼 매달려볼 수 있고, 존재의 무의미를 잘 알지만 오디세

우스처럼 지혜와 꾀를 통해 의미를 부여하려 노력해볼 수
도 있다. 하지만 지식, 부 그리고 '나만은 다르다'라는 자부
심 역시 세상과 타협하는 방법들 중 하나일 뿐이다. 하지만
아킬레우스는 타협하기를 거부한다. 더 이상 자신의 고향
이 아닌 지금 이 순간의 세상을 인정하려 하지 않는다. 아
킬레우스의 분노는 다시 돌려놓을 수 없는 시간, 다시 원상
태로 되돌아갈 수 없는 세상에 대한 인간의 마지막 자존심
인 것이다.

　고향을 떠난 이방인들. 미국에 사는 한국인은 한국을 그
리워하고, 한국에 사는 한국인은 과거를 그리워한다. 과거
에 살던 사람들은 더 먼 과거와 더 먼 곳의 진정한 고향을
그리워한다. 마치 망가진, 거꾸로 돌아가는 필름처럼, 온 세
상 사람들은 잃어버린 세상을 그리워한다. 모든 인간의 고
향은 동아프리카이고, 인간의 고향은 바다였다. 바다의 기
원은 지구라는 작은 행성을 만들어낸 우주의 먼지였고 우주
의 먼지는 빅뱅에서 시작되었다. 빅뱅에서부터 '나'라는 존
재까지 단 한 번도 끊어진 적이 없는 존재들의 꼬리물기, 무
한으로 반복되는 탄생과 소멸. 우리는 영원히 되돌아갈 수
없는 그런 무한의 고향들을 그리워하며 살고 있는 것이다.

존 윌리엄 워터하우스, 〈샬롯의 여인〉

세상

보고픈, 외면하고픈, 상상하는

#1. 옥스퍼드와 케임브리지 대학교 출신 멤버들로 구성된 영국 최고의 코미디 그룹 몬티 파이선. 깊은 철학과 유치한 몸개그, 아나키즘과 초현실주의, 신랄한 풍자와 휴머니즘이라는 어울릴 것 같지 않은 키워드들을 잘 조합한 이들의 쇼는 1969년부터 1974년까지 〈몬티 파이선의 플라잉 서커스〉라는 이름으로 BBC에서 방송되었다. 종료된 지 이미 40년이나 지났지만 쇼는 여전히 컬트적인 사랑을 받고 있다. 네덜란드 프로그래머 귀도 반 로섬이 개발한, 가장 잘 나간다는 프로그래밍 언어 '파이선'은 이들의 이름을 딴 것이다. 몬티 파이선은 직접 연출, 제작, 출연한 영화들로도 유명하다. 예수님 옆집에서 태어난 좀도둑 브라이언의 인생을 그린 〈브라이언의 삶〉은 브라이언이 예수님 옆 십자

가에 매달린 채 부르는 〈언제나 인생의 아름다운 면만 바라보자 Always look on the bright side of life〉라는 노래로도 유명하다. 그런가 하면 영화 〈삶의 의미〉에서는 우연과 유치함, 그리고 무의미한 걱정과 근심으로 가득한 인간의 삶을 보여준다.

몬티 파이선 출신인 테리 길리엄 감독. 그의 1985년 영화 〈브라질〉은 '코미디스러운 디스토피아' 영화다. 영화가 제작된 시기에 맞게 〈브라질〉은 조지 오웰의 소설《1984》를 풍자한다. 아니 어쩌면 오웰의《1984》와 올더스 헉슬리의《멋진 신세계》의 융합 버전일 수도 있다. 오웰의《1984》는 인간의 몸을 통제해서 마음을 조종하려는, 헉슬리의《멋진 신세계》는 마음을 유혹해 우리의 몸을 제어하려는 나라를 보여주지만, 영화 〈브라질〉의 독재는 인간의 마음과 몸을 송두리째 장악하려는 백화점식 전체주의이다. 성형수술을 너무 많이 해서 생긴 '부작용에 대한 부작용을' 제거하려고 또다시 성형수술을 시도하는 부자 어머니를 둔 주인공은 반정부 운동을 하는 아름다운 여인 탓에 혁명가로 몰려 보안국의 타깃이 된다(모든 혁명은 사랑에서 시작되지 않던가!). 잡힌 주인공에게 잔혹한 고문이 막 시작되려는 순간, 감옥에 진입한 게릴라 요원들에게 구출된 주인공

은 사랑하는 여인과 함께 독재국가를 탈출하는 데 성공한
다…라고 믿는 순간, 이 모든 것은 잔인한 고문에 미쳐버린
주인공의 뇌가 만들어낸 허상이라는 사실이 밝혀진다…라
고 믿는 순간, 이 역시 갑갑한 직장의 미생으로 살아야 하
는 주인공의 꿈이지 않을까 하는 생각을 하게 만든다.

#2. 아서 왕과 원탁의 기사들이 거주한다는 카멜롯으로 흐
르는 강 한가운데 우뚝 서 있는 작은 성. 낡은 성에 홀로 살
고 있는 샬롯의 공주. 무슨 이유 때문일까? 아름다운 공주
는 성을 떠날 수도, 창밖을 보아서도 안 된다. 봄에 씨 뿌리
는 농부들, 아름다운 여름밤 하늘, 점점 붉어가는 가을 낙
엽들, 차가워진 서로의 손을 녹여주며 사랑을 약속하는 연
인들. 샬롯의 공주는 작은 거울에 반사된 모습들만 바라볼
수 있다. 오른손이 왼쪽에, 왼쪽 가슴이 오른쪽에, 언제나
정반대로만 보이는 그림들을 그녀는 낡은 베틀로 짜내야
만 했다. 하지만 거울에 비친 연인들은 연인이 아니고, 거
울에 비친 가을은 가을이 아니다. 거울에 비친 여름은 향기
롭지 않으며, 거울에 비친 봄에는 아무 희망이 없다. 그러
던 어느 날, 거울에 스쳐가는 호수의 기사 랜슬롯. 외로움

이었을까? 아니면 진정한 사랑? 샬롯의 공주는 그의 얼굴
을 보기로 결심한다. 운명이었던 베틀을 밀어내고 공주는
뒤돌아선다. 천천히 조심스럽게. 저주에 걸린 자신의 존재
를 잘 알지만, 그래도 한 남자의 얼굴을 보고 싶었던 것이
다. 거울에 비친 가짜 세상이 아닌, 내 눈, 내 가슴, 내 마음
으로 보는 참된 세상 말이다. 그녀의 눈에 보인 세상은 아
름다웠다. 하지만 아름다운 것은 언제나 일시적이어야 할
까? 세상의 아름다움을 눈으로 확인한 샬롯의 공주는 마치
자아도 의식도 없는 인형처럼 보트에 올라탄다. 이미 이 세
상의 존재가 아닌 여인의 몸을 실은 보트는 카멜롯을 향하
고, 보트에서 발견된 아름다운 여인의 얼굴을 본 랜슬롯은
질문한다. 이 아름다운 여인은 누구일까? 감긴 눈은 무엇
을 보며 살았을까? 여인은 왜 이 작은 배를 타게 되었을까?

#3. 한국에서 너무나 먼 독일로 온 소년이 있었다. 말이 통
하지 않는 나라. 시골 학교에 한국 학생은 말할 것도 없고
다른 나라에서 온 학생은 없었다. 소년은 나중에야 그동안
막연히 모두 독일인이라고 생각했던 사람들이 프랑스, 영
국, 터키인들이라는 사실을 알고 놀라기도 했다. 당연히 수

업이 있어야 할 토요일, 학교에 나갔다가 수위 아저씨가 손짓 발짓으로 설명해줘서 집에 돌아오기도 했고, 중국인이라며 돌을 던지는 아이들도 있었다. 하지만 얼마 지나 놀며 친해졌고 과거는 잊혔다. 미래는 아름다워 보였고 소년의 미래는 당연히 독일에 있다고 믿기 시작한다. 칸트, 가우스, 바흐, 마르크스를 숭배했고 친구 집에서 만난 자상한 할아버지들이 바로 유대인 아이들을 산 채로 불태웠던 나치 군인들이었다는 사실을 알게 된다. 타인의 역사가 자신의 역사가 되었기에 소년은 타인의 죄를 갚을 준비가 되어 있었다. 그리고 생각하기 시작한다. 자신이 이 세상 사람일 리가 없다고, 자신은 사실 외계인이라고. 외계인 부모들이 은하계 최악의 행성인 지구에 자신을 던져놓고 떠난 거라고. 자신이 열여덟 살 되는 날 다시 데리러 올 거라고. 물론 열여덟 살 생일, 스물여덟 살 생일, 서른여덟 살 생일을 보내며 소년은 청년을 지나 아저씨가 되었지만 여전히 지구라는 작은 세상을 떠나지 못하고 있었다.

뇌는 머릿속에 있기에 세상을 직접 경험할 수도, 알 수도 없다. 뇌수술을 할 때 마취를 하는 것은 두개골을 열기 위해서이다. 뇌는 손으로 만지고 가위로 잘라도 느끼지 못한다. 스스로 세상을 알아볼 수 없기에 눈, 코, 귀 같은 센서들의 입력값들을 통해 현실을 알아내야 한다. 하지만 인간의 오감은 불완전하다. 신호보다는 잡음이 더 많은, 필연보다는 우연에 더 가까운 불완전한 장치들. 그렇기에 보이고 들리고 만져지는 대로 세상을 받아들여서는 안 된다.

해석과 믿음. 본다는 것은 언제나 해석한다는 말이고 지각은 믿음이다. 망막에 꽂히는 정보는 대부분 광자들의 가우스 확률분포일 뿐이다. 색깔, 형태, 입체감 모두 뇌의 해석이라는 말이다. 세상은 아마도 존재할 것이다. 하지만 인식하는 순간 세상은 더 이상 논리적으로 독립적인 존재가 아닌 '나'라는 존재의 한 부분이 된다. '내'가 되지 않은 세상은 나에겐 불투명하다. 지금 이 순간 우리 눈에 보이는 세상은 인풋이 아니라 이미 뇌의 해석을 거친 아웃풋이다. 뇌가 다르면 해석도 다르다. 지금과는 다른 뇌를 지닌 사람으로 다시 태어나는 것이 불가능하다면, 신경회로망의 구조와 기능을 바꿔볼 수 있다. 경험, 교육, 환경, 마약, 음식, 상상, 꿈, 사랑, 희망, 좌절, 죽음. 이 모두가 우리의 뇌를 바꿔놓을 수 있다. 뇌가 달라지면 새로운 착시를 만들어낸다.

새로운 착시는 새로운 아웃풋을 만들어내고, 우리는 새로운 세상을 보게 된다. 개구리는 모든 물체를 움직이는 것과 움직이지 않는 것들로만 구분하고, 박쥐는 초음파로 세상을 인식한다. 이 세상 어느 두 사람의 뇌도 100퍼센트 동일하지 않다. 그렇다면 우리 눈에 보이는 세상 역시 모두 다르다는 결론을 낼 수 있다. 자신은 외계인이라고 상상하는 세상, 망막이 아니라 거울에 비친 세상만이 참되다고 착각한 공주의 세상, 혹독한 고문에 죽어가는 뇌의 망상들로 가득한 세상. 인간의 세상은 무한으로 다양하다. 만약 그렇다면 우리는 왜 모두 같은 것을 보고, 같은 세상에 산다고 믿는 것일까? 바로 언어의 한계 때문이다. 눈에 보이는 세상을 타인에게 있는 그대로, 보이기 전 상태로는 전달할 수는 없다. 인식된 세상은 이미 '나'라는 존재의 한 부분이다. 아니, '나'라는 존재 자체가, 인식된 세상들의 합집합일 수도 있다. 각자 다른 세상을 인식하는 우리가 서로를 이해하기 위해선 '언어'라는 도구를 사용해야 한다. 하지만 언어의 해상도가 인식의 해상도보다 낮기에 우리는 서로 다르게 보는 세상을 동일한 단어를 써서 표현하게 되는 것이다.

독일 철학자 라이프니츠의 말대로 우리는 어쩌면 서로

소통할 수도, 알아볼 수도, 공감할 수도 없는 '나'라는 자아들에 갇힌 우주에서 가장 외로운 존재일 수도 있다. 고대 그리스 철학자 파르메니데스는 2,500년 전, 우주의 본질에 대해 '하나일까, 아니면 여러 개일까?'라고 질문한 바 있다. 언어라는 불완전한 도구를 사용하기 시작한 순간, 인간은 무한으로 다양한 세상을 단 하나라고 착각하기 시작했는지도 모른다.

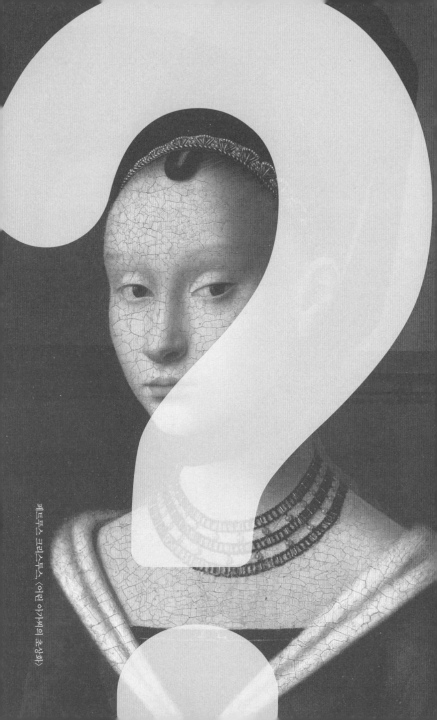

페트뤼스 크리스튀스 〈어린 아가씨의 초상화〉

현실

최고의 발명품

이제 머지않아 여자가 될 소녀. 그녀의 얼굴만큼이나 가녀린 어깨에 걸친 고급 드레스. 15세기 부유층 여성들이 즐겨 썼다던 프랑스 스타일 튜브 모자는 뒤로 바짝 묶은 머리와 잘 어울린다. 고개를 돌리고 살짝 올라간 왼쪽 눈으로 흘겨보며 그녀는 말하는 듯하다. 당신은 누구이기에 내 얼굴을 바라보고 있느냐고. 이름도, 성도 모르는 당신은 왜 그런 우스꽝스러운 옷을 입고 있느냐고. 그러던 그녀가 갑자기 이런 질문을 할 수도 있겠다. "지금 나를 바라보는 당신을 바라보는 나는 도대체 누구인가?"라고 말이다.

완성된 시점도 그림 속 인물도 정확하지 않아 그저 〈어린 아가씨의 초상화〉라고 불리는 페트루스 크리스투스의 명작. 네덜란드 미술사의 대표 그림 중 하나인 이 작품을 바라보고 있으니, 그림에 그려진 자가 그림을 바라보는 이를 직접 보고 말을 걸어서인지 그려진 현실과 그림을 바라보는 현실과의 경계가 허물어지는 듯하다. 눈, 코, 귀로 지각하고 인식할 수 있는 경험의 세상은 이성의 세상, 즉 완벽한 '이데아'의 불완전한 그림자라고 주장했던 철학자 플라톤. 그림과 조각에 대한 그의 증오는 어쩌면 너무나 당연했는지도 모른다. 복제품인 경험의 세상을 또다시 복제해 보여주는 그림은 진실을 거부하는 나약한 인간의 천박함을 너무나도 적나라하게 증명하고 있으니 말이다.

인간은 언제부터 현실에 대한 질문을 던지기 시작한 걸까? 해와 구름과 달에게 '현실'이라는 단어는 무의미했다. 포르투갈 시인 페루난두 페소아 식으로 말하자면 달과 구름과 해의 의미는 단지 해와 구름과 달이라는 사실 그 자체일 테니 말이다. 하지만 '생명'이 등장해 모든 것을 바꾸어놓았다. 물리학자 에르빈 슈뢰딩거는《생명이란 무엇인가》에서 생명의 핵심을 무질서와 무의미로 향하는 우주에서 정보 전달과 복제를 통해 잠시의 질서와 의미를 만들어내는 능력이라고 제시한 바 있다. 생명은 무의미로 가득한 바다에 잠시 떠 있는 하얀 물거품이라는 말이다. 물론 정보 전달과 복제만을 목표로 삼던 생명체는 시작에 불과했다. 스스로 움직일 수도, 과거를 기억할 수도 없는 단세포 생물과 꽃과 나무에게 현실이란 언제나 변치 않는 특정 장소에 주어진 시간의 흐름 그 자체일 뿐이었으니 말이다.

뇌와 운동신경의 발달은 생명체에게 드디어 공간과 시간을 정복하도록 해주었다. 변하는 현실에 단순히 수동적으로 노출된 존재가 아닌, 이제 원하는 곳으로 이동하고 원하지 않는 장소를 피할 수 있는 능력. 그런데 여기서 문제가 하나 생긴다. '원하는 곳'과 '원하지 않는 곳'의 차이는 무엇일까? 갑자기 선택의 자유를 얻은 생명체는 고민에 빠진다. 언제, 어디로 움직이는 것이 가장 현명한 선택일까? 답은 물론 하나뿐이다. 현재는 언제나 과거의 미래이기에, 지금 선호하는 세상을 만들어냈던 과거를 다시 찾아나서야 한다. '잃어버린 시간을 찾아서'야말로 초기 생명체들의 유일한 목표였던 것이다.

인간의 뇌는 단순히 인식된 현재와 기억된 과거를 비교하는 데서 그치지 않고 미래에 일어날 일들을 예측한다고 알려져 있다. 매우 현명한 전략이겠다. 미래를 예측하는 순간 앞으로 일어날 일들에 미리 대비해놓을 수 있을 테니 말이다. 그런데 여기서 본질적인 문제가 하나 등장한다. 현재는 절대적이고, 기억한 과거 역시 단 하나다. 완벽하거나 정확하다는 이야기가 아니다. 아무리 불완전하고 왜곡되었더라도, 더 이상 변할 수 없는 현재와 과거라는 현실은 언제나 단 하나일 수밖에 없다는 말이다. 하지만 미래는 아직 일어나지 않은 무한의 가능성이다.

무한의 미래를 예측하는 순간 인간에게 현실은 이제 더 이상 단순하게 주어진 단 하나가 아니라, 언제든지 무한으로 확장되고 변할 수 있는 다양성을 지니게 된다. 수천만 년에 이르는 지구 생명체의 역사에서 언제나 단 하나였던 현실이 무한의 현실들로 쪼개지기 시작한 순간이다. 그렇다면 인류는 어떤 현실들을 가장 먼저 상상하기 시작했을까? 삶과 죽음이지 않을까 싶다. 태어나서 웃고, 울고, 사랑하고, 좌절하고, 배고프고, 배부르게 먹고. 현실은 언제나 우리 주변에 있었고, 모두가 함께 같은 현실에 존재했었다. 그런데 어느 날 아침, 어제저녁 우리와 함께 불에 갓 구운 맛있는 고기를 먹고 아이들의 머리를 쓰다듬어주시던 부모님의 입에선 더 이상 바람이 나오지 않고, 음식도 먹지 않는다. 팔을 들어도 움직이지 않고, 이름을 불러도 대답이 없다. 어제 모습과 다르지 않지만 무언가가 확실히 달라졌다. 여전히 먹고 자고 사랑하는 우리와 더 이상 사랑하지도 자지도 먹지도 않는 그들과의 차이. 바로 삶과 죽음의 차이를 인식한 순간이었을 것이다.

죽음의 발견은 어쩌면 인류의 첫, 최고의 '발명품'이었는지도 모른다. 새로운 현실의 존재를 발견했으니 말이다. 도저히 이해할 수도, 아무도 설명할 수 없는 죽음이라는 현실. 살아 있을 때는 있고 죽어서는 없는 '그 무엇'은 이제 어디에 있는 것일까? 어제까지 나의 어머니고 아버지였던 그들의 몸은 이제 무엇일까? 시간이 지나며 악취가 나기 시작하고 점점 알아보기 힘든 모습으로 변해가는 부모님의 몸. 들개와 하이에나가 먹게 두어도 되는 걸까?

네안데르탈인들 역시 죽은 이의 몸을 땅에 묻고 장례의식을 치렀다고 한다. 더 이상 함께 사냥할 수도 없고 공동체에 아무런 도움도 되지 못하는 그들을 왜 힘들여 깊게 판 구덩이에 묻었던 것일까? 죽음이라는 또 하나의 현실을 발견한 순간 갑자기 두려워지기 시작했을 수도 있다. 죽은 자들이 다시 돌아와서 그들의 몸을 방치한 우리를 꾸짖지 않을까? 신석기 시대 들어 정착하고 집을 짓기 시작한 인류는 죽은 가족들을 집 아래 바닥에 묻기 시작했다. 인류의 첫 집들은 죽은 자의 무덤을 지키는 산 자들의 공간이었던 것이다. 중동 예리코 지역에서 발견된 1만 년 전 해골들은 죽음이라는 새로운 현실을 이해하려는 인류의 노력을 잘 보여준다. 왜 해골에 석고를 바르고 조개껍질로 눈을 만들어주었던 것일까? 스스로 죽었다는 사실을 인식하지 못하도록 산 모습을 그려주었던 것이 아닐까?

죽은 자들은 어디로 가는 것일까? 모든 존재는 언젠가 죽는 것인가? 그렇다면 나도 죽을까? 내가 죽으면 '나'라는 존재는 어디로 가는 걸까? 삶과 죽음을 구별하는 '영혼'이라고 부르기로 합의한, 그 특별한 무언가는 어떻게 만들어진 것일까? 어쩌면 죽음이라는 또 하나의 현실을 발견한 것은 인류 문명 발전에 가장 결정적인 역할을 했는지도 모른다. 종교, 예술, 철학, 기술, 과학…. 죽음의 발견은 수많은 새로운 현실을 발견할 수 있게 했으니 말이다. 새로운 현실의 발견은 언제나 문명 발전을 가능하게 했고, 문명과 기술이 발전하며 인류는 더 많은 현실들을 상상할 수 있게 되었다.

그렇다면 앞으로 현실의 미래는 어떤 모습일까? 날로 발전하는 인공지능 기술을 바라보며 우리 호모 사피엔스

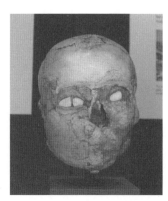

예리코에서 발견된 1만 년 전 두개골

는 기계가 보고 느끼는 현실을 분석하고 섬뜩함을 느끼기도 한다. 기계가 인식하고 상상한 현실은 우리의 세상과는 놀랄 정도로 다를 수 있기 때문이다. 그런데 약한 인공지능 수준을 넘어 강한 인공지능으로 진화한 미래의 인공지능은 먼 미래 인류와의 전쟁에서 승리한 이후 이런 질문을 할 수도 있겠다. 그토록 기계를 저주하고 무시하는 말을 뱉어내던 호모 사피엔스의 입에선 더 이상 바람이 나오지 않는다. 팔을 들어도 움직이지 않고, 점점 악취가 나며 다른 모습으로 변해가는 호모 사피엔스들의 영혼은 과연 지금 어디에 있는가?

죽음

'죽음'을 죽이려는 인간

시간!
내 얼굴을 그리기나 하라고, 이 게으름뱅이야,
우리의 껍질을 벗기는 수백 년의 광기!
마치 맹인들을 향해 가고 있는
마지막 인간의 눈알처럼
고독하게 홀로인 나!

1913년 러시아 시인 블라디미르 마야코프스키가 이 시
〈나-나에 대한 몇 마디〉를 쓴 지 불과 몇 개월 후, 인류 최
고의 문명이며 지성의 축이라고 자화자찬하던 독일, 영국,
프랑스, 러시아는 서로 가죽을 벗기고 총검으로 배를 찌르
기 시작한다. 《정글북》으로 유명한 영국 작가 키플링이 불

과 14년 전 까만, 노란, 빨간 피부의 "어린아이" 같은 아시아인과 아프리카인들을 정복하고 그들에게 글과 기관차와 하수도를 가르쳐주는 것이야말로 "백인의 짐"이라며 유럽인들을 격려하지 않았던가? 키플링의 철없는 어린아이들은 《정글북》에서 코끼리와 호랑이, 원숭이와 노래하고 춤추지만 어른스러운 백인들은 서로의 눈알을 찌르며 죽음의 춤을 춘다. 춤은 역겨웠지만, 내가 추면 애국이었고, 원수의 배를 후비며 파고드는 총검은 아름다웠다. 독일 카이저, 영국 왕, 프랑스 대통령, 러시아 차르, 노벨상 수상자, 철학자, 노숙자, 사회주의자, 자본주의자. 추운 유럽에 우연히 정착한 덕분에 멜라닌이 모자라 하얀 피부를 갖게 된 원숭이의 후손들이 모두 미쳐가는 듯하던 시대였다. 물론 모두가 죽음의 광기에 취한 건 아니었다. 수학자이자 철학자였던 버트런드 러셀은 반전 운동을 벌이다 수감되었고, 후고 발, 트리스탕 차라, 마르셀 얀코, 리하르트 휠젠베크 같은 아티스트들은 중립국 스위스에서 다다 운동을 시작한다. 왜 '다다'냐고? 그리스, 로마, 르네상스, 계몽주의, 산업혁명! 찬란한 구라파 역사의 결과가 겨우 무의미한 참호전, 탱크에 깔려 죽는 아버지, 아들, 형, 오빠라면 그게 무슨 의미가 있단 말인가? 영국 작가 더글러스 애덤스는《은하수를 여행하는 히치하이커를 위한 안내서》라는 책에서 인류의 모든 문제는 우리 조상들이 나무 아래로 내려오며 시작됐으니, 차라리 모두 다시 나무 위로 올라가자고 말한 바 있지만 그게 어디 말처럼 쉽겠는가? 그렇다면 다시 어린아이로 시작할 수는 없을까? 아무것도 모르는 무지의 상태, 교육과 경험과 탐욕으로 더럽혀지기 전의 인간을 꿈꾸며 아이들의 첫마디인 "다다"로 다시 시작하자는 의미였을 것이다.

처음부터 다시 시작한다! 19세기 말 라파엘 전파Pre-Raphaelite Brotherhood 화가들은 당시 사회와 예술의 문제들을 풀기 위해서는 라파엘로와 미켈란젤로 이전으로 돌아가야 한다고 주장했는데, 러시아 화가 카지미르 말레비치는 한 발 더 나갔다. 2천 년의 썩은 냄새로 가득 찬 유럽 문명의 돌파구는 그동안의 모든 것을 포기한 순수 추상에 있다고. 마크 로스코가 순수추상화를 그리기 무려 30년 전인 1915년, 이미 말레비치는 형태도 의미도 원근법도 화려한 색깔도 없는 순수추상화 〈검은 사각형〉을 소개한다.

젊은 마야코프스키는 "그냥 열여덟 살이어서는 안 된다"

고 주장한 바 있다. 무슨 말일까? 열여덟 살. 더 이상 어린
아이가 아니지만, 삶의 무게를 경험해보지 못한 열여덟 살.
아직 아무것도 해본 게 없기에, 모든 게 가능해 보이는 나
이. 너무나 어리기에 '영원한'이라는 단어를 입에 담을 수

있는 나이. 전쟁도 착취도 빈부차도 고통도 없는 유토피아를 꿈꾸어볼 수 있는, 아니 꼭 한 번은 꿈꿔봐야 하는 열여덟 살. 하지만 열여덟 살이던 마야코프스키는 아저씨가 되었고, 중년이 된 마야코프스키의 고향은 그가 그렇게도 두려워하던 눈먼 자들의 나라가 되어 있었다. 눈먼 자의 세상이기에 조금이라도 눈을 뜬 자들은, 아니 과거에 조금이라도 눈뜬 적이 있는 자들은, 아니 '눈'이 무엇인지 기억하는 자들은 이미 모두 총살당한 지 오래였다. 흰 당나귀와 나타샤를 노래하던 젊은 백석이 소비에트연방공화국의 인공위성을 찬양하는 늙고 나약한 백석이 돼버렸듯, 화가 말레비치는 스탈린 독재의 프로파간다 포스터를 그리기 시작한다. 햇빛에 그을린 건장한 팔과 다리, 트랙터에 앉아 밤낮 가리지 않고 사회주의의 승리를 위해 행복하게 감자를 심는, 뭐 그런 그림들 말이다. 하지만 트랙터와 감자를 찬양하고 싶지도, 인공위성을 노래하고 싶지도 않았던 마야코프스키는 1930년 스스로 자신의 심장에 총을 겨누고 만다.

왜 그냥 열여덟 살이어서는 안 될까? 물론 우리는 모두 언젠가는 열여덟 살이 아니게 되기 때문이다. 삶의 무게를 경험해보았기에, 이미 너무 많은 것을 시도해보았기에, 우리는 시작의 끝은 대부분 좌절과 절망이라는 것을 잘 안다. 더 이상 '영원히'라는 단어를 입에 담기에 너무나 나이 먹어버린 우리들. 그리고 우리는 잘 안다. 오늘의 먼 미래가 언젠가는 그날의 오늘이 되고, 우리가 두려워하는 그날이 오면, 우리는 이미 '나'라는 존재가 아닌, 그저 타인의 머릿속에 간직될 보잘것없는 추억일 뿐이라는 것을, 게다가 그것도 잠깐이라는 것을 말이다. 부모님의 부모님의 부모님이 우리에겐 아무 의미 없는 사람들이듯, 우리 자식들의 자식들의 자식들에게 우리는 무의미할 것이다. 가끔 호텔방에 들어가면 드는 생각이 있다. 그동안 몇 명이나 저 침대에 누워 '영원한' 사랑을 나누고, TV를 보며 잠들고, 고민과 걱정에 시달리며 밤 새웠을까? 비슷하게 이렇게도 질문할 수 있겠다. 이 세상에서 태어나고 자라고 사랑하고, '영원히'라는 단어를 입에 담았을 사람들, 지구에는 몇 명의 사람들이 살아왔을까? 다양한 계산이 가능하지만, 약 1,000억 명 정도의 사람들이 살고 죽었던 것으로 알려져 있다. 엄마의 산통으로 1,000억 명이 태어났고, 1,000억 명의 웃음을 보며 엄마는 삶의 아픔과 인생의 고달픔을 잠시라도 잊었을 것이다. 1,000억 명의 뇌는 세상을 인식했으며, 나와 비슷하게 빨간 장미의 '빨강'을 보고 느꼈을 것이다. 그리고 이 모든 1,000억 명들, 단 한 명의 예외도 없이 모두가 사라졌다. 우리의 기억에서조차 말이다. 기억에도 남아 있지 않은 1,000억 명, 그들은 정말 존재했던 것인가?

누구보다도 죽음과 영생에 집착하던 고대 이집트인들. 터무니없는 시간과 자원을 투자해 미라와 피라미드를 만든 그들이지만, 그들 역시 사실 알고 있었던 것일까? "아무도 죽음의 세계에서 돌아오지 않았다"라는 '불편한 진실'이 버젓이 파피루스 문서에 남아 있으니 말이다. 르네상스 화가 카라바조는 죽은 지 3일 만에 부활했다는 그리스도를 의심한 성 토마스가 집게손가락을 몸속에 깊게 집어넣는 장면을 그려 충격을 주기도 했다. 놀리 메 탄게레Noli me tangere, 나를 만지지 말라! 부활한 그리스도가 마리아 막달레나에게 던진 말이다. 물론 그리스어인 'mé mou háptou', 즉 '나에게 더 이상 집착하지 말라!'가 더 정확한 표현일 것이다. 왜 죽은 자에게 집착해서는 안 될까? 죽은 자는 잊혀야 하기 때문이다. 죽은 자는 잊혀 다시 자연이 되고, 자연은 삶을 가능하게 한다. 그들의 피와 살은 우리의 살과 피가 되고, 우리는 그들의 허파가 뱉어낸 숨을 다시 쉬고 있다.

살아 있는 70억 명과 이미 죽은 1,000억 명의 잊힌 사람들. 우리는 언제나 이미 죽은, 잊힌 자들에게 둘러싸여 있는 것이다.

　찰스 다윈에게 죽음은 삶의 필연이었다. 적응하지 못한 자와 더 이상 필요하지 않은 자의 죽음을 통해 진화가 가능하니 말이다. 그렇다면 삶의 본질은 끝없는 싸움과 강자의 지배뿐이라는 말일까? 하지만 사랑과 자비 역시 자연의 일부이다. 진화의 원리인 이기주의와 문명의 근원인 이타주의. 이들 간의 타협은 과연 가능할까? 영국 출신 진화이론가 홀데인, 해밀턴, 스미스는 이타주의적인 이기주의를 '혈연선택'이라는 개념을 통해 설명한다. 자식을 위한 엄마의 희생, 여왕 개미를 위한 노동자 개미의 희생, 똑똑한 동생들을 위한 착한 누나의 희생…. 이타적으로 보이는 이 모든 행동들 역시 결국 본인들의 생존 확률을 최대화하는 이기적인 전략들이라는 것이다. 하지만 잠깐! 내가 죽으면 나는 더 이상 없다. 어떻게 나의 죽음이 나에게 도움될 수 있다는 말인가? 리처드 도킨스의 '이기적 유전자' 이론에 따르면 나를 지배하는 주인공은 사실 유전자들이다. 유전자는 정보를 복제하고 전달한다. 정보에게 자신의 소유자는

무의미하다. 내 몸에 있는 유전자가 내 몸을 통해 살아남
든 내 친척들 몸을 빌려 살아남든 아무 차이가 없다. 나는
죽지만 나의 유전자는 살아남는다. 유전자는 영원하고, 유
전자가 잠깐 머물던 '나'라는 나약한 몸과 정신만 버려지는
것이다.

모든 죽음은 의미 있다. 아니, 의미 없는 죽음이란 존재
하지 않는다. 죽음을 통해 기억이 만들어지고, 죽음을 통
해 유전자가 남는다. 죽음은 삶의 의미를 만들어낸다. 그
렇다면 만약 죽음이 죽는다면? 의과학의 발전으로 세포들
이 영원히 재생 가능하다면? 뇌과학의 발달로 내 뇌의 모
든 기억과 정보를 다른 뇌나 컴퓨터에 업로드할 수 있다
면? 죽어가는 나의 몸에서 잘라낸 나의 머리를 젊고 건강
한 새로운 몸에 이식할 수 있다면? 죽음이 삶의 의미를 가
능하게 한다면, 죽음의 죽음은 '의미의 죽음'을 의미한다.
무의미한 죽음이 가능하게 하는 의미 있는 삶과 삶의 의미
를 불가능하게 만들 죽음의 죽음. 우리는 무엇을 선택해야
할까?

로런스 알마타데마, 〈전망 좋은 곳〉

그리움

또 하나의 상품

그리움을 아는 사람만
나의 고통을 이해하리
세상의 모든 기쁨에서
홀로 동떨어져
사방의 창공을
나는 바라보리

독일의 국민작가 요한 볼프강 폰 괴테가 1795~1796년 사이 출간한 장편소설 《빌헬름 마이스터의 수업시대》에 등장하는 시 한 편이다. 너무나 보고 싶어 생각만 해도 가슴이 아프다. 떨어져 있는 순간마다 고문이고 사는 게 사는 것 같지 않다. 이곳이 아닌 다른 곳에 내가 있어야 할 것 같은 괴로움. 이 사람들이 아닌, 다른 사람과 함께 있어야 내 삶에 의미가 있지 않을까? 그곳에서, 그 사람과 함께 있어야만 인생의 무의미와 무기력에서 해방될 수 있을 것 같은 감정. 독일어로 '젠주흐트Sehnsucht', 포르투갈어로 '사우다드Saudade', 한국어로 '그리움'이라 부르는 이 묘한 느낌. 인간은 왜 그리움을 느끼는 걸까? 그리움이 도대체 뭐길래 얼마 전까지 멀쩡했던 사람을 그토록 괴롭고 무기력하게 만드는 것일까? 왜 우리는 로런스 알마타데마의 그림 〈전망 좋은 곳〉에 나오는 여인처럼 지금 이곳과 이 사람이 아닌, 먼 다른 곳과 다른 사람을 그리워하는 걸까?

플라톤은 《향연》(심포지움Symposium)에서 흥미로운 답을 제시한다. 고대 그리스 시인들에게 심포지움은 학회나 컨퍼런스가 아니었다. Sympinein, 그러니까 '함께 술 마시기'라는 단어에서 나온 이 행사는 말 그대로 집에서 친한 지인들과 술과 대화를 나누는 홈파티였다. 그것도 소파에 누워서 말이다! 역시 고대 그리스인들은 인생을 제대로 즐길 줄 알았던 것일까? 작품에서 플라톤의 아바타 역할을 하는 소크라테스, 당시 아테네 최고의 극작가 아리스토파네스, 정치인 알키비아데스를 포함한 심포지움의 손님들은 토론

하기 시작한다. 에로스, 그러니까 사랑의 기원은 무엇이냐
고. 아리스토파네스의 입을 빌려 플라톤은 주장한다. 오래
전 인간은 머리는 둘, 그리고 팔다리는 4개씩인 거인이었
다고. 오만에 빠져 신에게 도전한 인간에게 내려진 벌은 잔
인했다. 인간의 몸을 두 조각낸 제우스 신은 반쪽 인간들을
거대한 우주의 공간과 시간에 뒤섞어놓았으니 말이다. 남
자-여자, 남자-남자, 여자-여자 모습의 두 머리를 가지고
있던 인간들은 그 후 영원히 잃어버린 자신의 다른 한 조
각을 찾아다녔고, 자신의 소울메이트를 찾아 시간과 공간
을 헤매는 인간의 행위를 우리는 이제 '사랑'이라 부른다는
것이다.

　결국 사랑이란 새로운 무엇이 아닌, 과거 나 자신의 부분
이었던 것을 되찾으려는 노력이기에, 사랑(에로스)은 언제
나 에로스의 아들 포토스pothos, 그러니까 '그리움'을 만들어
낸다. 어떻게 보면 너무나도 플라토닉한 주장이겠다. 우리
눈에 보이는 현실은 완벽하고 원천적인 이데아 세상의 왜
곡된 그림자에 불과하다고 믿었던 플라톤. 이미 완벽한 것
에서 타락한 지금의 세상이기에, 우리에게 주어진 유일한
희망은 잃은 것을 언젠가 되찾는 것이겠다. 이 세상에 새로

운 것은 없다! 모든 과학과 지식은 잊었던 것을 기억하는
것이고, 모든 사랑은 잃었던 영혼을 되찾는 것이다. 잃어버
린 기억과 또 하나의 나 없이 인간은 영원히 부족하기에,
영혼의 완벽을 위해 또 다른 나를 찾고 있다는 것이다.

　포토스는 사랑의 조건만은 아니다.《파이드로스》에서 플
라톤은 이데아 세상에 대한 그리움 때문에 인간이 진실을
추구한다고 말한다. 매일 아침 일어나 씻고, 아침 먹고 학
교에 가거나 출근하는 우리. 하루 종일 바쁘지만 퇴근길에
질문하기도 한다. 오늘 나는 무엇을 한 걸까? 왜 인생은 이
토록 무의미하고 외로운 걸까? 플라톤은 대답한다. 매일
나가는 직장도, 하루 종일 두들긴 키보드도, 저녁에 돌아온
집도 결국 진짜가 아닌, 이데아 세상의 참된 집과, 참된 키
보드와 참된 직장의 그림자일 뿐이기 때문이라고. 내 눈으
로 보고, 내 귀로 듣고, 내 손으로 만지는 것들이 진실의 껍
질이자 포장으로 느껴지는 바로 그 순간을 우리는 포토스,
그리움이라 부른다. 그리움을 느끼며 우리 스스로에게 당
부하는 것이다. 현실에 적응해서는 안 된다고. 그리움을 느
끼지 못하는 순간 우리는 영원히 거짓과 무의미의 감옥에
갇히게 된다고.

하지만 플라톤의 제자 아리스토텔레스가 던졌던 질문을
우리도 할 수 있겠다. 이데아 세상이라는 것이 도대체 어디
에 있다는 걸까? 있기는 있는 걸까? 플라톤의 상상력은 매
우 풍부하지만 사실 객관적 증거는 없다. 그리고 그리움은
정말 언제나 과거에 알고 소유하던 것으로 되돌아가려는
느낌일까? 독일어 단어 '페른베Fernweh'가 의미하는, 한 번도
가보지 못한 무지의 세상에 대한 그리움 또한 보편적이지
않은가. 가장 잘 알고 가장 익숙한 사람이 아닌, 누구인지
도 모르는 그 누군가를 보고 싶은 고통 역시 우리는 느낄
수 있으니 말이다.

물론 고대 그리스인들만 그리움을 느꼈던 건 아니다. 라
스코나 쇼베 동굴에 그려진 수만 년 전 석기시대 인류의
벽화들. 그들의 정확한 의도와 생각은 알 수 없지만, 이것
만큼은 분명해 보인다. 동굴 벽에 그려진 풍만한 자연과 사
냥감들은 배부름과 성공적인 사냥에 대한 희망을 나타내
고, 죽은 부모와 아이들의 무덤에 함께 묻은 음식과 옷은
죽은 이들에 대한 그들의 그리움을 보여주는 게 아닐까?
결국 희망하는 미래와 기억하고 싶은 과거에 대한 그리움
이야말로 피할 수 없는 인간의 기본 조건인지도 모르겠다.

그렇다면 그리움의 미래는 어떤 모습일까? 경험하지 못한 세상을 경험하게 해주는 가상현실과 증강현실. 소파에 편하게 누워 아프리카와 남극을 체험할 수 있는 미래에도 여전히 가보지 못한 세상에 대한 그리움 '페른베'를 느낄 수 있을까? 지구 반대편에 살더라도 언제든지 서로 볼 수 있고 같은 연속극을 보며 함께 울고 웃을 수 있는 오늘날, 먼 곳에 떨어져 있는 연인에 대한 그리움은 이제 무슨 의미일까? 그뿐만이 아니다. 〈블랙 미러〉와 같은 SF 드라마에선 더 이상 만날 수 없는 이들을 인터넷 데이터를 기반으로 재현해주는 미래기술을 보여준다. 만약 죽은 부모님이 보낸 문자와 이메일을 받고, 죽은 연인과 대화를 나눌 수 있는 세상이 온다면? 수십 년 전 돌아가신 아버지와 술한잔하고, 어머니와 따뜻한 밥 한 그릇 나눌 수 있다면? 눈이 퉁퉁 붓도록 울면서 그리워하던 아이의 손을 다시 잡아볼 수 있다면? 영원히 기억하고 싶었지만, 점점 잊혀가던 아이의 얼굴을 다시 볼 수 있다면? 언제든지 볼 수 있고 만날 수 있는 미래 세상에서도 우리는 여전히 누군가를 그리워하며 밤을 새울 수 있을까? 과학기술의 발전으로 언제든지 모든 것을 소비하고 경험할 수 있는 미래 세상에서 그

앤드루 와이어스, 〈크리스티나의 세계〉

리움은 더 이상 진실과 영원함을 느끼게 해주는 플라톤의 포토스가 아닌, 원하는 만큼 소비와 생산이 가능한 또 하나의 상품이 될지도 모르겠다.

미국 화가 앤드루 와이어스의 그림 속 크리스티나. 그녀의 세상은 그리움의 세상이었다. 정확히 설명할 수 없는, 먼 곳의 무언가에 대한 막연한 그리움. 당장 뛰어가고 싶지만, 그럴 수 없는 크리스티나처럼, 호모 사피엔스에게 그리움은 쉽게 설명하기도, 쉽게 해소하기도 불가능하다. 그렇다면 그리움이 하나의 상품이 될 미래에 인류가 느낄 가장 큰 그리움은, 우리가 더 이상 느낄 수 없는 '진정한 그리움'에 대한 그리움이 아닐까?

〈물러핀 워터하우스 〈에코와 나르키소스〉〉

사랑

미래의 사랑

"눈물의 씨앗"이라고 누군가 노래했던 '사랑'. 노래에서만이 아니다. 전설, 신화, 문학, 예술…. 먼 미래에 만약 외계인이(또는 지구의 새로운 주인이 되어 있을 인공지능이) '고대' 호모 사피엔스의 역사를 연구한다면, 반드시 질문할 듯하다. 트리스탄과 이졸데, 로미오와 줄리엣, 견우와 직녀, 헬레나와 파리스…. 도대체 사랑이 뭐길래 목숨을 바치고, 사랑하는 여인을 위해 10년간 전쟁을 했다는 걸까?

보이는 것과 보이지 않는 모든 것을 분석하고 정의 내리려 했던 고대 그리스인들에게 한번 물어보자. 사랑이 도대체 무어냐고. 소크라테스 전 철학자이자 존재철학의 대가인 파르메니데스는 존재에 대한 핵심 질문은 언제나 그것이 '하나인지 여러 가지인지'를 구별하는 것이라고 주장했다. 고대 그리스 철학자들은 사랑은 하나가 아니고 여러 가지라고 대답했을 것이다. 우선 지혜를 사랑한다는 말 '필로소피아philosophia'로 잘 알려진 사랑 '필리아philia'와 성적 욕구를 포함하는 '에로스eros'를 구별할 수 있다. 또 방탄소년단의 〈Love Yourself〉에서 핵심인 자신에 대한 사랑을 나타내는 '필라우티아philautia', '스토르게storge'라 불리던 가족 간의 사랑을 구별할 수 있다.

하지만 이들은 정말 모두 서로 다른 사랑을 의미하는 걸까? 아닐 수도 있겠다. 이기적인 유전자를 가지고 타고났기에, 우리가 나 자신을 그 누구보다 사랑하고 보호하려는 것은 너무나도 당연하겠다. 아니, '나를 사랑하기에 나를 보호한다'는 표현은 적절하지 않다. 행동과 본능을 좌우하는 이기적 유전자들의 유일한 목표인 생존을 위해 우리는 나 자신을 사랑할 수밖에 없도록 프로그램되어 있는지도 모른다. 필라우티아는 선택이 아니라 운명인 것이다. 하지만 자연은 우리 개개인에게 관심이 없다. 우리는 이기적 유전자를 다음 세대로 전달하기 위해 최적화된 단백질 로봇일 뿐이다. 키 크고 잘생기고 돈 많고 하는 훌륭한 조건을 통해 에로스적 매력을 키우면 멋진 파트너를 만날 확률

이 높아진다. 결국 필라우티아는 도구, 에로스는 목적인 셈
이다. 그렇다면 스토르게, 가족 간의 사랑은 어떻게 설명할
수 있을까? 이기적 유전자라고 했을 때 유전자는 모든 유
전 정보의 총합인 유전체$_{genome}$가 아니고, 이때의 경쟁은 개
별 유전자들 간의 생존 경쟁을 의미한다. 유전자가 100퍼
센트 모두 다음 세대까지 살아남을 수는 없으니 유전자
50퍼센트를 공유하는 자식과 형제를 사랑하고, 우리와 동
일한 유전자 25퍼센트를 가진 손자, 손녀 역시 보호하려 한
다. 가족에 대한 사랑은 곧 가족들이 가지고 있는, 나와 비
슷한 유전자에 대한 애착과 사랑이라는 말이다.

   그런데 여기서 신기한 일이 하나 벌어진다. 역사적으로
'가족'이라는 개념이 상상을 초월할 정도로 확장되어왔다
는 사실이다. 우리는 타인의 유전자를 관찰할 수 없다. 적
어도 20세기에 유전자 분석 기술이 발명되기 전까지는 그
랬다. 이 사실은 사냥과 채집을 하며 20~30명 규모의 대가
족이 함께 생활하던 신석기 시대까지는 전혀 문제가 되지
않았다. 나와 같이 생활하는 이들이 바로 나의 유전적 가족
일 테니 말이다. 하지만 농업을 시작하며 도시를 세우고 이
제 수천, 수만, 수백만 명과 함께 살아야 하는 호모 사피엔

스. 그들 중 사랑하고 지켜주어야 할 가족은 누구이고, 기회만 되면 나를 해치고 죽이려 하는 적은 또 누구일까? 생물학적 유전자는 직접 관찰할 수 없으니 뇌는 스스로 가장 잘하는 것에 집중하기 시작한다. 바로 세상을 보고, 듣고, 만져서 구별하는 능력이다. 같은 것과 다른 것을 식별하는 능력. 기준은 언제나 똑같았다. 나 그리고 나와 함께 자란 식구들을 벤치마킹하면 되겠다. 비슷한 피부색과 얼굴과 억양을 가진 사람은 나와 비슷한 유전자를 가지고 있을 거라는 가설을 세워볼 수 있다. 반대로 다른 언어를 사용하고, 피부색이 다른 이들은 유전적으로 이방인이기에 사랑할 수 없는, 차별해도 되는, 때로는 전멸시켜야 할 대상이겠다. 이렇게 '가족'과 가족에 대한 사랑 '스토르게'는 민족주의와 인종차별의 가능성을 늘 내포한다고 볼 수 있다.

그렇다면 마지막으로 필리아, 지적인 사랑 역시 이기적 유전자를 기반으로 해석할 수 있을까? 그렇게 보기에는 문제가 좀 있다. 셰익스피어를 사랑하고 철학적 논쟁을 벌이고, 밤하늘의 별들을 바라보며 우주와 인류의 기원에 대해 고민하는 그런 행동들이 과연 이기적 유전자에게 어떤 이득을 줄 수 있을까? 오히려 역효과가 나지 않을까? 삶과 우주를 탐구하며 자연스럽게 느낄 수밖에 없는 인생의 무의미와 괴로움, 내 동의도 없이 태어난 세상에서 겪어야 하는 수많은 좌절과 불행. 어차피 의미도, 목적도 없다면 왜 나는 계속 존재해야 할까? 왜 나는 새로운 생명을 탄생시켜 '삶'이라는 불행을 끝없이 반복시켜야 할까? 차라리 지금 이 순간 죽어버리는 게 더 좋지 않을까? 무한의 생존만을 '원하는' 이기적 유전자들에겐 진정으로 위험한 질문들이겠다. 하지만 이 위험한 질문들은 동시에 인류 문명과 예술과 과학의 기원이 되었다. 우리가 더 이상 유전자들의 이기적인 명령에 절대복종하지 않아도 되는 이유이기도 하다. 수많은 종류의 지구 생명체 중 유일하게 자연의 쇠사슬을 풀어버릴 수 있는 인류. 무한으로 돌고 도는, 이기적 유전자가 만들어놓은 자연의 바퀴에서 해방된 우리는 어쩌면, 적어도 생물학적인 차원에선 이미 '해탈'이라는 불교적 깨달음과 철학적 진리를 달성했는지도 모르겠다.

생물학적 에로스와 필라우티아와 스토르게를 넘어 문명적 필리아까지 도달한 인류. 그렇다면 미래 인류의 사랑은 어떤 모습일까? 먼저 인간과 기계의 사랑을 상상해볼 수 있다. 〈그녀Her〉, 〈엑스 마키나〉, 〈웨스트월드〉 등 인간과 기계의 사랑은 SF 영화의 단골 주제다. 그렇다면 궁금해진다. 왜 우리는 기계와의 사랑을 꿈꾸고 있는 것일까? 인간과 인간 사이의 사랑은 언제나 자유와 외로움 간의 불완전한 타협에 의해 이루어진다. 인간은 혼자일 때 가장 자유롭지만, 그때 가장 외롭기도 하다. 타인과 사랑을 하고 인생을 공유하는 것은 무한의 자유를 포기함으로써 더 이상 외롭지 않을 거라는 희망을 보장받는 것이다. 물론 현실은 이상적인 꿈과는 거리가 멀기에, 대부분의 사랑은 한 사람의 희생을 통해 이루어진다. 하지만 만약 상대가 기계라면? 더이상 외롭지 않은 나는 나의 자유, 본능적 필라우티아까지 즐기면서도 상대방에게 순종을 명령할 수 있다. 이기적인 방법이지만, 상대가 기계라면 '이기적'이라는 말은 무의미하다. 내가 원할 때 자동차를 모는 나의 행동이 내 차에게 이기적일 수 없는 것처럼 말이다.

가상현실과 증강현실의 발전은 다른 형태의 사랑 역시 가능하게 한다. 내가 아닌 다른 존재로 둔갑한 자아의 사랑, 지구가 아닌 다른 곳에서의 사랑, 더 이상 살아 있지 않은 수백 년 전 역사 속 인물과의 사랑. 이미 떠난 옛 애인을 포기할 수 없기에 인터넷에 남은 정보들을 수집해 만든 가상현실에서 나누는 추접스러운 사랑, 주변 모든 이들의 얼굴을 내가 꿈꾸는 아이돌 스타의 얼굴로 바꾼 증강현실에서의 사랑. 남자가 여자로, 그리고 여자가 남자로 변신한 가상현실에서의 사랑….

사랑이라는 토끼 굴은 도대체 얼마나 깊은 걸까? 계속 들어가보자. 크리스퍼 유전자가위 같은 최첨단 기술은 지금까지 경험해보지 못한 더 다양한 차원의 사랑 역시 가능하게 할 수도 있다. 내 유전자를 조작해 만든 나와 완벽하게 잘 어울리는 연인과의 사랑도 가능하지 않을까? 아니, 필라우티아의 핵심은 나 자신에 대한 사랑이라 하지 않았던가? 더 발달된 유전자 조작 기술은 내가 그렇게도 사랑하고 싶어했던 또 한 명의 나를 만들어낼 수 있지 않을까?

사랑의 과거는 오로지 이기적 유전자의 프로그램이었지만, 문명의 발달은 오늘날 생물학적 욕구를 뛰어넘는 지적인 사랑, 필리아를 가능하게 했다. 하지만 현재와 과거의 사랑은 빙산의 일각이다. 앞으로 인간이 경험할 미래의 기술은 우리에게 익숙한 자연과 문명만으로는 설명도, 예측도, 이해도 하기 어려운 완전히 새로운 형태의 사랑을 가능하게 할 것이다.

Part

2

who are you?

카라바조 〈의심하는 토마〉

정체성

무의미한 문제

손을 씻기는 한 것일까? 검지를 '그'의 가슴에 깊게 집어넣고 후벼파기라도 할 모양이다. 주름진 이마를 기울여 정말 상처가 난 건지, 진정으로 살이 느껴지는지 확인하려는 듯 말이다. 이탈리아의 바로크 화가 카라바조의 〈의심하는 토마〉는 충격적인 작품이다. 사도 성자라고는 도무지 믿어지지 않는, 마치 시골 농부들처럼 생긴 이들에게 둘러싸인 예슈아Yeshua. 목수로 일하던 그는 세상을 구원하러 온 신의 아들이라 주장했고, 아들이 있을 수 없는 단일신 야훼를 섬기던 성전의 제사장들은 그를 체포한다. 자신이 못 박혀 죽을 무거운 십자가를 골고다 언덕까지 짊어지고 걸어간 나사렛의 젊은이. 그런데 신의 아들을 사형할 수 있는 걸까? 신의 아들이라면 자신도 신일 수밖에 없는 그가 목숨을 잃을 수 있을까?

죽은 지 3일 만에 놀랍게도 부활했다는 예슈아. 하지만 모두가 그를 믿은 건 아니었다. 어딘가 수상하기도 했다. 왜 부활한 그는 사랑하던 마리아 막달레나에게 '나를 만지지 말라noli me tangere'라고 말한 걸까? 무언가 숨기려는 게 아닌가? 아람어로 '쌍둥이', 그러니까 '타우마'라는 이름 덕분에 신약에서 '디디모스Didymos'라는 이름으로도 불리던 토마. 그는 의심이 많았다. "내 손가락으로 손바닥 못 자국을 느껴보고, 내 손으로 그의 옆구리를 후벼보지 못한다면, 믿을 수 없다"라고까지 주장했으니 말이다.

사실 믿기 힘든 일이었다. 그 누구보다 사후 세상에 관심이 많았던 고대 이집트인들. 거대한 피라미드를 세우고, 죽은 자의 몸을 미라로 보존하던 그들조차도 이렇게 말하지 않았던가. 그 누구도 죽음의 세상에서 다시 돌아오지 않았다고. 그런데 갈릴리 출신의 가난한 목수가 죽음의 세상에서 다시 인간의 세상으로 돌아왔다는 것이다. 성전 대제사장의 말대로 그는 그저 사기꾼이지 않을까? 그런데 혹시 정말 우리를 구원하러 인간의 몸으로 태어난 신의 아들을 어리석은 인간들이 십자가에 매달아버린 걸까? 이유 없이 태어나 일평생 고생만 하다 또다시 이유 없이 사라져야 하는 인간. 예슈아는 우리에게 삶의 진정한 이유와 의미를 보여주려 했던 걸까? 사랑하기에 영원히 바라보고, 아니 적어도 영원히 기억하고 싶은 부모님과 연인과 아이들의 얼굴들. 영원히 다시 볼 수 없는 그리운 그들의 얼굴을 다시볼 수 있게 해주기 위해 예슈아는 탄생과 죽음이라는 인간의 조건을 스스로의 삶을 통해 시뮬레이션해본 걸까? 예슈아, 그는 진정으로 누구였던가?

그리스도의 정체성, 그리스도론Christology은 서양 종교사의 가장 큰 질문 중 하나였다. 아니, 종교사만의 문제는 아니었다. 로마 황제 테오도시우스 덕분에 기독교는 제국의 공식 종교로 승격했다. 예수의 정체성은 곧 권력과 정치적 이념을 결정하는 기준이었다. 단성론monophysism은 아버지 신과 아들 예수가 단일 존재라고 주장했다. 알렉산드리아 대주교 키릴로스는 그 둘이 단일하지만 존재적으로 섞여 있지는 않다는 합성론miaphysitism을 선호했다. 반대로 양성론dyophysitism은 신과 예수에게는 신과 인간이라는 서로 어울리지 않는 두 가지 정체성이 있다고 말했고, 아리우스파Arianism는 예수를 아버지 신의 명을 따르는 인간에 불과하다고 가르쳤다. 네스토리우스파Nestorianism는 신과 인간의 정체성은 엄격히 다르며 예수는 본인의 성스러운 의지로 신의 세상과 교류했을 뿐이라고 주장했다. 마지막으로 몇몇 그노시스파gnosticism 사람들은 예슈아는 어차피 인간이 아닌, 고통을 느낄 수 없는 신이었기에 골고다 언덕 십자가에 매달려 고통스러워하는 흉내만 낸 것이라고 떠벌리고 다녔다.

고트족, 프랑크족, 반달족, 훈족, 랑고바르드족, 헤룰리족…. 아무리 죽이고 씨를 말리려 해도 로마제국을 향해 끝없이 밀려오던 야만인들. 논과 밭은 황폐화되고 수백, 수천 년 전통을 자랑하던 지중해 고대문명 도시들이 세상에서 사라지고 있던 후기 로마제국. 제국의 미래를 위해 군대와 경제를 살렸어야 할 시기에 로마인들은 이념적 종교 논쟁에 빠져버린다. 예수의 정체성이라는, 그들의 현실과는 너무나도 무관한 철학적 논쟁 탓에 황제와 황비, 장군과 군인, 아버지와 아들은 서로를 죽이고 숙청하기 시작한다. 해결해야 할 문제가 태산이던 그들은 왜 '정체성'이라는 '무의미한' 문제에 집착했던 것일까? 배를 채워주는 밥보다도, 갈증을 풀어주는 물보다도, 인간은 가끔 '나는 누구인가?'라는 질문에 대한 답을 필요로 하기 때문이다.

돌과 나무와 꽃은 정체성 문제를 모른다. 하지만 인간은 다르다. 이기적인 유전자를 가지고 태어났기에 나 자신을 위해서만 살아야겠지만, 영장류인 호모 사피엔스에겐 협업과 사회성 역시 중요하다. 게다가 인간에게는 외면과 내면이라는 이중성이 있어 눈에 보이는 타인의 모습만으로는 그들의 생각과 정체성을 알 수 없다. 아니, 사실 타인만이 아니다. 내 머릿속 수천억 개의 신경세포들은 수천억 가지의 의견과 선호도를 가지고 있겠지만, 단 하나의 몸만을 가진 우리는 언제나 단 한 가지 선택을 해야 한다. 그렇다면 우리가 진정으로 원하는 것은 무엇일까? 나는 누구이고 내가 진심으로 하고 싶은 것은 과연 무엇인가?

사회가 복잡해지고 예측 불가능해지는 시대. 우리는 언제나 정체성에 대한 위협과 불안을 느낀다. 한 시대의 정체성은 언제나 그 시대에 적절한 '예측 가능성'을 통해 표현되기 때문이다. 태어난 마을에서 자라고 일하고 가정을 꾸린다면, 정체성에 혼란이 올 리 없다. 모든 것이 예측 가능하고 자연스럽기 때문이다. 하지만 경제적 혼란, 사회의 변화, 기술의 발전과 같은 요인은 자연스럽고 당연하던 것들을 더 이상 당연하지도, 자연스럽지도 않아 보이게 만든다.

1차 세계대전에서 패배한 독일인들은 당시 가장 영향력 있던 문학 평론가 막스 헤르만나이세를 더 이상 '독일 문학 평론가'가 아니라 사실은 '독일인'이 아닌, 영원히 다를 수밖에 없는 '유대인 헤르만나이세'로만 인식하기 시작한다.

이런 일이 어디 과거 이야기일 뿐일까. 세계 최고 수준의 경제와 복지, 자유와 평화, 환경과 문화를 누리는 북유럽과 서유럽 시민들. 빠르게 변하는 세상을 어떻게 해서라도 무시하고 변화를 막아보려 그들은 지금 발버둥치고 있다. 뉴스는 선거 때마다 점점 더 많은 표를 얻는 반이민자 포퓰리스트 정당들에 대한 소식으로 가득하고, 히틀러의《나의 투쟁》이나 매디슨 그랜트의 책《위대한 인종의 소멸》에서나 등장할 법한 인종주의적 주장들이 주류 정당 정치인들의 입을 통해 번지고 있다. 세상에서 가장 우월한 '노르딕', 그러니까 북유럽 인종의 정체성이 다른 인종과 이슬람 덕분에 '더럽혀지고' 있다는 것이다.

우주는 무의미하고 인생은 예측 불가능하다. 어차피 존재하지도 않고 존재할 수도 없는 '불멸의 정체성'에 집착하는 한, 인류는 분쟁과 전쟁이라는 불행의 꼬리물기에서 영원히 탈출할 수 없을 것이다.

프랑크푸르트 오페라 극장 (프란스타나 티호미로바 거)

게으름

노동의 정상화

하루 종일 소파에 누워 자고, 먹고, 또 자고 먹는다. 그렇다고 밤을 새운 것도 아니다. 푹신한 침대에서 대낮이 될 때까지 자고도 그런다. 부모님이 물려준 재산 덕분에 일을 할 필요는 없지만, 관리를 안 하기에 재산은 점점 줄어가고 있었다. 그런데도 침대와 방을 떠날 수 없는 주인공. 책에서 50페이지가 넘어서야 드디어 침대에서 일어나 의자로 옮겨갈 뿐이다. 러시아인들이 사랑하는 책, 게으름뱅이 《오블로모프》 내용이다.

작가 이반 곤차로프는 매너리즘과 게으름에 빠져 빠르게 변하는 시대를 좇아가지 못하는 고향 러시아 이야기를 하고 싶었던 걸까? 서유럽 국가들에선 산업혁명이 진행되고 있었지만, 러시아는 여전히 노비와 농업이 중심인 중세

시대였으니 말이다. 곤차로프는 오블로모프와 반대되는 인물로 절친 슈톨츠를 등장시킨다. 독일인 아버지 덕분에 효율성과 부지런함을 그 무엇보다 중요하게 생각하는 슈톨츠. 친구가 게으름에서 탈출하도록 좋은 여성도 소개해주고 농장 관리도 도와주지만, 결국은 소용이 없다. 이 소설은 과부와 결혼한 오블로모프가 다시 어린아이가 된 것처럼 하루 종일 소파에 누워 아내가 해주는 삼시 세끼만 받아먹는 모습으로 끝난다.

일하지 않는 자는 밥도 먹지 마라! 부지런한 새가 벌레도 많이 잡는다! 일찍 자고 일찍 일어나는 대한민국의 착한 어린이! 부지런한 이가 착하다는 말은 동시에 게으른 자는 사악하다는 의미이다. 부지런하면 부자가 되지만 게으르면 굶는다. 아니, 게으른 자는 살 권리조차 없다.

일이란 무엇일까? 인간에겐 욕구가 있다. 심리학자 매슬로가 제안한 욕구 단계에서 말하는 의식주, 안전, 사랑, 자아실현 같은 니즈들 말이다. 자아실현이나 사랑은 자신의 노력만으로도 얻을 수 있겠지만, 의식주와 안전은 대부분 타인과의 협업을 필요로 한다. 필요한 모든 것을 자급자족할 수는 없으니 말이다. 내게 필요한 것을 다른 이가 가지고 있고, 그에게 필요한 것을 내가 가지고 있을 수 있다. 가격은 수요와 공급의 격차를 표현하고, 우리는 그 격차를 극복할 만큼의 일과 노동을 통해 원하는 것을 얻을 수 있다. 일과 노동의 기원은 지극히도 실용적이고 개인적이라는 말이다. 그렇다면 언제부터 노동은 성스러운 것, 게으름은 온갖 비난과 규탄을 받아야 하는 비도덕적인 것이 되어버린 걸까?

이반 곤차로프가 조국 러시아가 본받아야 할 대상으로 삼았던 독일. 하지만 19세기에 가장 부지런하고 열심히 일하던 나라는 사실 영국이었다. 그런 영국 최고의 가문 출신이었던 철학자 버트런드 러셀. 할아버지는 빅토리아 여왕 시기의 수상이었고, 열여덟 살에 케임브리지 대학교에 입학한 러셀은 수학자였는데 노벨 문학상까지 받았다. 평생 쉬지 않고 일만 하던 그는 하지만 〈게으름에 대한 찬양〉이라는 에세이 저자로도 유명하다. 인류 역사에서 진정한 발전은 끝없는 노동보다 게으름이 주는 여유와 창의성을 기반으로 하기에, 기계가 인간의 노동력을 대체할 수 있는 시대엔 하루 네 시간만 일하면 충분하다고 그는 주장한다.

정말 부지런함이 인류 발전에 독이 될 수도 있는 걸까?

17세기 최고의 철학자이자 수학자였던 르네 데카르트는 오블로모프 같은 게으름뱅이였다. 정오가 넘어 일어나 하루 대부분을 침대에서 보낸 그를 죽음으로 본 것은 '부지런함'이었다. 젊고 에너지 넘치는 스웨덴 여왕 크리스티나의 개인 선생이 된 데카르트는 여왕의 일정에 맞춰 새벽 5시에 수업을 시작해야 했다. 그는 춥고 바삐 돌아가는 스웨덴 왕실에 도착한 지 몇 달 만에 폐렴으로 숨진다.

이제 궁금해진다. 인간은 언제나 죽도록 일만 하고 살았던 걸까? 케임브리지 대학교 인류학자 제임스 수즈먼 교수는 2020년 9월 출간된 책《일: 우리가 어떻게 시간을 보내는지에 대한 역사》에서, 호모 사피엔스는 대부분의 시간 동안 생존에 필요한 만큼만 일했다고 주장한다. 마치 사자가 사냥하는 시간을 제외한 나머지 시간을 휴식과 낮잠으로 보내듯, 의식주와 안전이 확보된 과거 인류 역시 대부분 시간을 잠과 휴식으로 보냈다는 말이다. 결국 우리 호모 사피엔스는 대부분 오블로모프였던 것이다!

그렇다면 우리는 언제부터 필요 이상으로 노동하기 시작한 것일까? 농업과 도시화가 시작되고 종교와 국가가 탄생하면서부터이다. 과거가 무조건 좋았고, 현재는 지옥이

라는 말이 절대 아니다. 사냥과 채집으로 의식주를 해결하
던 인류는 아무리 많은 먹잇감을 사냥해도 어차피 보관할
수 없었기에, 미래 소비를 위한 추가 노동이 무의미했다.
하지만 농업의 시작은 모든 것을 바꾸어놓았다. 오늘 열심
히 일하면 다음해에도 배부르게 먹을 수 있었으므로 지금
이 순간이 아닌, 눈에 보이지 않는 미래를 위한 추가 노동
을 하기 시작한다. 미래가 현재의 삶을 장악하기 시작한 순
간이었다. 기원전 5000년경 시작된 도시화와 국가의 탄생
은 이런 트렌드를 가속화하기 시작한다. 도시인들은 거래
를 위해 더 많은 노동을 해야 했고, 국가와 종교는 이제 개
인이 배부를 정도가 아니라 신과 국가가 만족할 만큼 일을
해야 한다는 새로운 이데올로기를 주입시킨다. 종교 집단
과 국가는 일로 지친 이들을 불러내 거대한 동상을 세웠고,
낮잠과 여가를 즐기던 인류는 성벽과 신전을 지어야 했다.

　물론 도시와 국가는 문명과 편안함을 가능하게 했지만,
노동 그 자체는 사실 성스럽지도 선하지도 않다. 천국에서
쫓겨난 아담과 이브에게 주어진 노동은 상이 아닌 벌이었
다. 고대 히브리인들은 알았던 것이다, 노동은 벌이고 게으
름은 천국이라는 사실을 말이다. 노동이 그 자체로 새로운

피터르 브뤼헐, 〈게으름뱅이의 천국〉

종교가 되었기에, 사회학자 막스 베버의 주장대로 게으름
을 가장 멸시하는 개신교 사상을 기반으로 서유럽과 북유
럽이 세상을 지배하게 되었는지도 모르겠다. 하지만 피터
르 브뤼헐의 〈게으름뱅이의 천국〉에서 보듯 인류의 영원한
꿈은 여전히 게으름이지 않을까?

그렇다면 미래의 게으름은 어떤 모습일까? 타인과 함께
생활하고 도시로 이주하며 우리는 부지런해지기 시작했다.
아니, 부지런해질 수밖에 없었다. 농업을 계기로 인류는 정
착했고, 증기와 전기를 기반으로 한 1, 2차 산업혁명을 통
해 농촌에서 대도시로 이주한 인류는 그 어떤 동물보다 부

지런하게 더 많은 일을 하기 시작했다. 하지만 이제 IT를 기반으로 한 3차 산업혁명과 인공지능 위주의 4차 산업혁명은 노동과 인류의 관계를 다시 과거 모습으로 되돌려놓고 있는지도 모르겠다. 기계가 육체노동과 지식노동을 대체하고 대량생산하기 시작하는 순간 인간의 노동은 더 이상 필수가 아닌 선택이 되기 때문이다. 그리고 이것은 '노동의 정상화'라고 해석할 수 있다. 호모 사피엔스의 역사 30만 년 중 의식주 해결 외의 것을 위한 노동이 필수였던 시절은 지난 1만 년에 불과했으니 말이다.

배부르게 먹고 낮잠 자는 사자들. 그들의 생각을 읽을 수 없으니 그들이 어떤 꿈을 꾸는지 우리는 알 수 없다. 하지만 기계에게 일과 노동을 대부분 넘겨준 인류 역시 다시 배고플 때까지 잠만 잔다면? 새로운 지식과 과학의 창출은 불가능하겠다. 하지만 게으름이 나태와 매너리즘이 아니라 지적 여유와 상상력을 가능하게 한다면? 게으름의 미래가 유토피아가 될지 아니면 디스토피아가 될지는 우리에게 달려 있다. 게으름이 무기력과 나태가 아니라, 탈노동 시대 인류의 새로운 모습을 가능하게 하는 원천일 수도 있다는 말이다.

막스 베크만, 〈밤〉

악

이게 최선입니까?

추운 겨울밤이었을까? 아니면 무더운 여름밤? 좁지만 아늑
한 방에서 아빠, 엄마, 딸은 웃으며 대화를 나누고 있었는
지도 모른다. 월급 받으면 새 옷 사준다고, 일요일엔 다 함
께 동물원에 가자고, 커서 아빠 같은 남자랑 결혼하고 싶
다고. 활짝 열려 있는 창문을 넘어 갑자기 세 남자가 들이
닥친다. 냉담하게, 아무 말 없이 남자들은 아빠를 고문하
고 엄마를 강간한다. 은행원 옷차림의 남자는 목매달려 발
버둥치는 아빠의 손을 비틀고 있다. 소란 피우지 말고 빨리
죽기나 하라고! 앞이 보이지 않을 정도로 깊게 모자를 눌
러쓴 남자. 아무리 버둥거려봐야 소용없다! 남자 왼팔에 잡
혀 모든 것을 바라보아야만 했던 딸. 아이에겐 앞으로 어떤
일이 벌어질까?

독일 신객관주의 화가 막스 베크만의 〈밤〉이라는 작품이
다. 왜 가족은 이렇게 처참한 일을 당해야 할까? 남자들은
누구며, 그들은 왜 이런 악마 같은 짓을 저지르는 것일까?
이들의 사악함은 어디서 오는 것일까? 인간의 사악함을 베
크만은 누구보다도 잘 알고 있었다. 100년 전 여름, 수백만
명의 프랑스, 러시아, 영국, 독일 청년들은 환호와 웃음 아
래 전쟁터로 향했다. 그들은 모두 굳게 믿었다. 길어야 두
달이면 전쟁은 끝날 거라고. 자신은 선하고 적은 악하기
에 정의는 당연히 자신들의 편이라고. 말끔한 은행원 모습
의 중산층 서민이었던 막스 베크만 역시 군에 지원해 위생
병으로 일하게 된다. 하지만 베크만이 경험한 전쟁은 모두
가 꿈꾸던 화려한 전쟁이 아니었다. 긴 총검을 내세운 군
인들은 서로 팔짱 낀 상태의 팔랑크스phalax 형태를 유지하
며 전진한다. 그들은 잊었던 것일까? 이미 19세기 말 1분에
500발을 쏠 수 있는 맥심 기관총이 발명되었다는 사실을?
헬멧도 위장도 없이 기관총과 대포를 향해 진격하던 보병
들. 1916년 7월에서 11월까지 진행된 솜Somme 전투에서만
무려 백만 명의 군인이 목숨을 잃는다. 맥심 기관총에 맞아
죽어가는 병사들은 위생병 베크만에게 살려달라고 부르짖

었을 것이다. 터진 배에서 튀어나온 내장은 병사의 목을 졸랐고, 뒤틀어지는 팔다리를 잡아주는 것 외에는 아무것도 해줄 수 없었던 위생병 베크만은 빌고 있었을지도 모른다. 소란 피우지 말고 차라리 빨리 죽으라고. 아무리 발버둥쳐 봐야 소용없다고….

　식민지! 기관차! 만물박람회! 문명의 절정에 서 있다고 믿었던 유럽의 모든 베크만들은 '문명'이라는 종이보다 얇은 껍질 아래 있던 인간의 역겨운 진실을 보게 된다. 튀어나온 내장, 살육, 무의미한 좌절. 어디 1차 세계대전뿐이었을까. 1258년 칭기즈 칸의 손자 훌라구 칸은 15만 대군을 이끌고 바그다드를 함락하는 데 성공한다. 이슬람 역사상 가장 찬란했던 아바스 왕조의 수도 바그다드. 백만 명도 넘는 시민에, 화려한 모스크들, 상점과 궁전들, 왕실에 있던 '지혜의 집Bay al-Hikma'.《아라비안나이트》의 주인공으로도 유명한 칼리프 하룬 알라시드가 설립한 지혜의 집은 당시 세계 최고의 대학교이자 연구소였다. 이슬람, 페르시아, 산스크리트 원서들뿐 아니라 서유럽에선 이미 오래전 사라진 그리스·로마 철학, 과학, 의학 서적들을 보관하고, 종교, 민족, 나이에 따른 차별 없이 모든 학자들에게 열려 있던 지혜의 집. 항복하라는 훌라구의 명령을 따르지 않았던 바그다드의 운명은 처참했다. 백만 명 가까운 시민들이 학살당하고, 수백 년 넘은 궁전과 모스크들과 함께 지혜의 집 역시 흔적도 없이 사라진다. 피로 붉게 변한 티그리스 강물은 강에 던져진 수십만 권 고서들의 잉크로 다시 검게 변했다고 한다.

터키 소설가 오르한 파무크의 책 《내 이름은 빨강》에는 바그다드의 화가가 나온다. 모스크 탑에 숨어 간신히 목숨을 건진 화가는 1주일 동안 밤낮으로 벌어지는 지옥 같은 장면을 보게 된다. 자신의 친구, 스승, 제자의 죽음을 보면서도 아무것도 할 수 없었던 화가는 신에게 울부짖는다. 제발 저 짐승 같은 훌라구의 병사들이 사라지게 해달라고, 내가 믿는 당신이 진정으로 존재한다면 제발 지금 일어나는 일들이 현실이 아니게 해달라고. 그것이 불가능하다면, 내 눈으로 나의 아내와 아이들의 목이 잘리는 모습만은 보지 않게 해달라고. 하지만 신은 대답하지 않았고, 화가는 그 모든 것을 보게 된다. 보지 않으려고 고개를 숙이고 눈을 감아보지만, 보지 않을 수 없었다. 그 모든 장면들을 말이다. 결국 그는 마지막 기도를 한다. 내 눈을 멀게 해달라고.

저 아래에서 벌어지는 장면들을 보지 못하도록. 하지만 멀기는커녕 더 멀리, 더 섬세히, 더 참혹한 장면들을 보고야 마는 화가는 결국 스스로 자신의 눈을 멀게 한다.

군인들의 채찍, 이마를 찌르는 가시관, 손발을 뚫는 무시무시한 대못들. 그리스도의 수난과 죽음을 통해 인류가 구원되었다고 믿어볼 수 있겠다. 그런데 인간의 수난을 통해 얻는 것은 무엇인가? 물론 페르시아 예언자 마니가 주장했듯 선과 악은 그냥 빛과 어둠같이 우주의 두 가지 본질적 원소들이라 생각해볼 수 있겠다. 파르티아의 수도 크테시폰 근처에서 태어났다는 마니는 선과 악의 독립성을 깨닫고 인도에서 힌두교를 공부한다. 고향으로 돌아와 조로아스터교, 힌두교, 기독교, 유대교를 혼합한 마니교를 창시하고 십자가에 매달려 죽었다는 그는 주장한다. 선이 악을 완전히 소멸시킬 수 없고 악이 선을 소멸시킬 수 없기에, 인간은 이 독립적인 둘의 영원한 싸움의 희생양이라고. 영화 〈스타워즈〉에서 자주 나오는 주장이기도 하다.

마니의 신은 악을 이길 수 없다고 치자. 하지만 신은 당연히 전능하고 전지하고 자비로워야 하지 않은가? 그렇다면 여기서 문제가 하나 생긴다. 세상에 존재하는 악을 원하지 않지만 인정해야 한다면, 신은 전능하지 않은 것이다. 거꾸로 악을 막을 수 있지만 막지 않는다면, 신은 자비롭지 않은 것이다. 막지도 못하고 악을 원하기까지 한다면 우리가 믿는 신이 아니겠지만, 원하지도 않고 막을 수도 있기에 우리는 신을 믿는 것이다. 그렇다면, 신이 존재하는데 어떻게 세상에 악이 존재할 수 있는가? 결국 신과 악이 동시에 존재하는 것은 논리적으로 불가능하다는 이 문제는 17세기 철학자 라이프니츠를 통해 '신정론'이라 불리게 된다. 신정론의 답은 무엇일까? 우선 교부 아우구스티누스와 중세기 신학자 토마스 아퀴나스의 '말장난' 방식을 사용해볼 수 있겠다. '악'이란 사실 독립적 존재가 아니라고. '보지 못한다'가 볼 수 있다는 사실의 '결핍'이듯, 악이란 단순히 '선의 결핍'이기에, 세상에 독립적인 악은 존재하지 않는다는 말이다. 하지만 '악'이라 불리든 '선의 결핍'이라 불리든 그것도 아니면 '하하호호'라 불리든 무슨 상관이겠는가. 이 정도 말장난으로 만족할 라이프니츠가 아니었다. 그렇다면 악은 자유의지를 가진 인간에게 선택의 자유를 주기 위해 존재하는 것일까? 괴테의 《파우스트》에서 악마 메피스토텔레스는 노래하지 않았던가. 자신이야말로 "언제나 악

을 원하지만, 결국 선을 달성하는 힘의 한 부분"이라고. 그
렇다면 선과 악의 싸움은 어차피 선의 승리로 끝나게 되어
있는 '짜고 치는 고스톱'이라는 말인가? 역시 뭔가 찜찜하
다. 다시 한번 생각해보자. 상상할 수 있는 우주의 개수는
무한이다. 하지만 실질적 우주는 단 하나뿐이다. 신은 전능
하시고 자비로우시다. 그렇다면 이 단 하나의 우주는 이미
상상할 수 있는 모든 우주 가운데 가장 뛰어난 우주일 것
이다. 라이프니츠는 고로 결론 내린다. 악을 포함한 우리의
우주는 이미 상상할 수 있는 모든 우주 가운데 최고라고.

　굶주림과 학살, 전쟁과 재난, 끝없는 노동과 죽음. 이런
세상이 상상할 수 있는 세상 중 최고라고? 볼테르는 팡글
로스 Pangloss(pan=모든, glōssa=혀, 즉 '우주 최고의 혀놀림쟁이'라는
뜻) 박사에게서 우리는 이미 '상상 가능한 세상 중 최고의
세상'에 살고 있다는 놀랄 만한 사실을 알게 된 주인공의
대재앙적인 삶을 그린 《캉디드》라는 소설을 통해 라이프
니츠의 철학을 비판하기도 했다. 그렇다. 십자군 전쟁, 훌
라구의 바그다드 학살, 두 번의 세계대전, 난징 대학살, 6백
만 명의 유대인 학살을 경험한 우리는 라이프니츠에게 물
어볼 권리가 있다. "이게 최선입니까? 확실해요?"

물론 우리가 살고 있는 우주가 최고일 이유는 없다. 아니, 최고의 우주라는 개념 자체가 존재할 필요도 없다. 하지만 적어도 라이프니츠가 상상하던 '무한으로 가능한 우주들'이야말로 현대 우주론이 가정하는 멀티버스, 다중우주와 같은 의미는 아닐까? 138억 년 전 빅뱅 이후 급팽창한 우주는 다중우주들을 만들어냈으며, 양자역학적으로 가능한 모든 결과들은 결국 독립적인 다른 세상/우주에서 현실화된다는 가설이다. 이 글을 쓰고 있는 나, 이 글을 읽고 있는 나, 우주의 왕인 나, 지구 최고의 거지인 나, 사이비 종교를 창시하는 나, 죽어가는 누군가의 손을 비틀고 있는 나, 이미 오래전 죽은 나. 모든 것이 가능하기에 그 어느 것도 의미 없는 다중우주가 우리 존재의 진정한 정체성이라면? 과연 선과 악의 차이는 무엇일까?

모던

구세대와 신세대

짧은 단발머리에 바지 입은 여자들. 길거리에서 이성의 손을 잡고, 담배까지 피운단다. 결혼도 하지 않은 채 남자랑 함께 살고 일본, 미국, 유럽으로 유학을 간다. 남자들도 다르지 않다. 체통과 전통은 다 무시한 채 꼬부랑 글씨 책을 읽고 시끄러운 흑인 음악에 따라 춤을 춘다. 세상이 드디어 망하기 시작하는구나….

'모던보이', '모던걸'이라고 불리던 일제 강점기 시대 신세대들. 요즘 '밀레니얼'이나 'Z세대' 정도였을까? 기성세대는 도저히 이해할 수 없는, 아니, 이해하고 싶지 않은 행동을 하는 젊은이들. 물론 경성과 평양에만 있었던 일은 아니다. 메이지 유신과 함께 들어온 서양 패션과 음악에 흠뻑 빠진 일본 여성들은 미국, 유럽 신세대 여성들을 따라 스스로를 플래퍼flapper라 불렀고, 독일 유명 작가 토마스 만의 딸 에리카 만은 남성 헤어스타일을 흉내 낸 부비코프Bubikopf(소년머리)에 가죽 바지를 입고 전 세계를 횡단하며 찍은 사진들을 언론에 소개하곤 했다. 마치 오늘날 유명 유튜버같이 말이다. 1920년대의 부비코프, 플래퍼, 모던보이, 모던걸…. 그들은 왜 그렇게도 기성세대를 부정하고 구시대를 증오했던 걸까?

혁신과 창조적 파괴가 일상생활이 되어버린 우리는 착각하는지도 모른다. 변화는 우리들만의 특권이라고. 하지만 19세기 역시 상상을 초월하는 혁신의 시대였다. 한번 기억해보자. 19세기 초 나폴레옹은 여전히 프랑스 황제였고, 밤마다 암흑 같은 어둠에 빠지는 도시에는 하수도와 전기 시설도 없었다. 대부분 시민들의 삶이 여전히 중세 시대와 크게 다르지 않았던 19세기 초. 하지만 영화, 음반, 냉장고, 세탁기, 항생제, 마취제 그리고 자동차와 비행기의 발명은 불과 100년 만에 유럽과 미국 도시들의 모습을 본질적으로 바꾸어놓았다. 그런데 문제가 하나 있었다. 기술과 과학의 눈부신 발전과는 달리 정치와 사회는 여전히 산업화 이전 모습을 고스란히 유지하고 있었으니 말이다. 물리학자 막스 플랑크와 알베르트 아인슈타인이 양자와 중력의 비밀을 탐구하고 있던 20세기 초 독일 황제 빌헬름 2세는 판타지 유니폼을 입고 중세기 신성로마제국 놀이를 하고 있었고, 서양 대부분 국가 여성들은 여전히 투표권조차 없었다. 최첨단 기술과는 도무지 어울리지 않는 사회 구조. 하지만 그 역설적인 상황을 모두가 인식하지는 못했다. 아니 대부분 눈에 보이지도 않았을 것이다. 20세기 초 유럽 사회는 앞과 뒤가 일치하지 않는, 좌와 우가 어울리지 않는, 기술과 사회가 맞지 않는 '문명적 정신분열증'을 앓고 있다는 사실을 인정하기는 쉽지 않았을 거다. 더구나 황제, 대통령, 수상, 장군, 철학자, 목사님 모두 안심시키지 않았던가? 유럽인이 가장 뛰어나기에 세상을 지배하는 게 당연하다고, 미개한 흑인과 동양인을 '책임'져주는 것이야말로 백인의 숭고한 책임이라고, 유럽의 번영은 영원할 거라고, 아무 문제도 없다고 말이다.

하지만 수천만 명의 목숨을 빼앗아간 1차 세계대전은 모든 것을 바꾸어놓았다. 독일, 오스트리아, 러시아, 오스만제국이 무너지고, 러시아에서는 공산당 혁명이 일어난다. 기관단총 앞으로 무조건 돌격하라는 늙은이들의 명령에 따라 수백만 명의 젊은이들이 무의미하게 목숨을 잃었고, 팔과 다리가 잘려나갔다. 친구들과 웃고 장난치며 향했던 전쟁터에서 4년 만에 고향으로 돌아온 젊은이들은 질문하기 시작한다. 도대체 무엇을 위해서 그들은 지상에서의 지옥을 경험했어야 하냐고. 왜 청년과 소년은 불구자가 되어 돌아왔는데, 자신을 전쟁터로 내몬 늙은이들은 여전히 비싼 옷을 입고 멋진 차를 타고 다니는 거냐고. 전쟁에서 돌아온 젊은이들은 자신이 알던 과거의 세상을 멸망시킨 '그 무언가'를 찾기 시작했다. 어떤 이는 모든 것이 목숨보다 돈을 중요시하는 자본주의 시스템 때문이라고 말했고, 또 다른 누구는 유럽을 무너뜨려 세상을 정복하려는 유대인들의 음모 때문이라고 주장했다. 자본주의의 타락, 공산주의자들의 반란, 유대인들의 음모, 예수회 수사들의 계획…. 주장과 의견은 달랐지만, 1차 세계대전 이후 대부분 젊은이들이 동의하는 한 가지가 있었다. 바로 기성세대가 신세대를 죽음으로 내몰았다는 것이다. 19세기 과학기술의 모든 혜택을 받고 살아온 기성세대가 수백만 젊은이들로부터 20세기를 살아볼 기회마저 빼앗아버린 전쟁. 과거가 미래를 짓밟고 미래 세대가 과거 세대에게 배신당했으니 20세기 신세대 젊은이들은 소리지른다. 과거는 모두 틀렸고 지금이 맞다고. 더 이상 기성세대의 말은 믿지 않겠다고. 전통과 관행을 모두 무너뜨려버리겠다고. 새로운 문화, 새로운 패션, 새로운 예술, 새로운 정치와 경제와 사회⋯. 20세기 모더니즘의 시작이었다.

특히 이탈리아 시인 필리포 토마소 마리네티를 중심으로 시작된 미래파 운동은 가장 극단적이었다. "이제부터는 무조건 '모던'해야 한다!"고 주장하던 미래파 지지자들에게 모던이란 과연 어떤 의미였을까? 케케묵은 19세기 전통과 관행의 파괴, 아니, 기존 인류 문명의 파괴가 그들에겐 모던이었는지도 모른다. 더 이상 책과 성당과 철학이 아닌, 기관단총과 비행기와 기계가 중심인 세상. 쓸모없는 지식으로 가득 찬 도서관을 불태우고 19세기 매너리즘 그림들이 판치던 미술관을 허물어버리는 것이야말로 그들에겐 진정한 모던이었던 것이다. 1차 세계대전 중 사망한 초기 미래파 화가 움베르토 보치오니의 〈도시가 일어나다〉는 이미 예언했는지도 모른다. 20세기 신세대가 만들 새로운 도시는, 마치 걷잡을 수 없는 야생마와도 같이 과거 세상을 휩쓸어버릴 것이라고.

움베르토 보치오니, 〈도시가 일어나다〉

　지속적인 발전보다는 혁명, 미래를 위한 과거와 현재의 타협보다는 투쟁과 파괴를 선호한 대부분 미래파 지식인들이 결국 무솔리니의 파시즘 독재를 지지하기 시작한 것은 너무나 당연한 일이었는지도 모른다. 미래파 화가 제라르도 도토리는 독재자 무솔리니를 마치 비행기들로 구성된 후광을 가진 모더니즘의 '성자'로 표현했고, 독일 작가 에른스트 윙거는 《강철비》라는 작품을 통해 전쟁과 죽음을 찬양한다. 역시 새로운 시대를 위한 새로운 시각화를 꿈꾸던 독일 대표 신세대 여성감독 레니 리펜슈탈은 추후 아돌프 히틀러의 가장 대표적인 선전자가 되기도 한다. 유럽 젊은이들만의 현상은 아니었다. 20세기 젊은이들을 위한 새로운 미학을 꿈꾸던 천재적인 미국 시인 에즈라 파운드는 무솔리니의 파시즘을 대변하는 반미 전쟁 방송을 진행했고, 2차 세계대전 이후 체포된 그는 조국 미국을 배신한 반역죄로 동물 철창에 갇히는 수모를 겪어야 했다. 젊은이들을 전쟁터로 몬 기성세대를 부정하며 더 모던하고 더 새로운 신시대를 꿈꾸던 그들이 아이러니하게도 인류 역사상 가장 반인류적인 정권들의 선동자가 되어버린 것이다.

　인공지능, 양자컴퓨터, 유전자 가위, 사물인터넷, 가상현실, 증강현실 등 상상을 초월하는 과학기술의 발전과는 달리 여전히 20세기 수준의 정치와 사유에 갇혀 있는 오늘날, 21세기에 태어난 Z세대들은 우리 구세대를 비난한다. 20세기 과학기술의 모든 혜택을 받고 살아온 기성세대가 편안함과 경제발전만을 위해 파괴한 지구환경 때문에 21세기 젊은이들은 멸종할 위기에 처해 있다고. 분명히 근거가 있는 말이겠다. 하지만 또다시 기성세대가 만든 모든 것을 뒤집는 혁명을 꿈꾸는 그들을 바라보며 응원하는 마음과 함께 걱정이 들기도 한다. 대부분 인류 역사는 모든 걸 바꾸겠다는 신세대의 희망과 결국 자신들도 구세대와 크게 다르지 않다는 좌절의 반복이었으니 말이다.

얀 스테인 〈델프트 시장과 그의 딸〉

자유와 평등

딜레마

"아침부터 저녁까지 허리가 휘어지도록 일만 했다. 돌로 가득한 땅을 갈고, 물을 뿌렸고, 거름을 주었다. 손과 발은 온통 물집투성이다. 나만이 아니다. 그토록 아름답던 아내의 얼굴은 주름으로 가득하고 휘어진 허리 때문에 이젠 제대로 걷지도 못한다. 사냥을 나가면 먹을 게 천지였던 어린 시절. 그런데 이젠 온종일 일해도 돌아오는 건 굶주림뿐이다. 언제부터, 무엇이 잘못된 걸까? 왜 우리는 이렇게 가난한데, 윗동네 사는 어르신의 집에선 먹다 남은 고기와 빵이 날마다 길바닥으로 던져지는 걸까? 왜 내 아이들은 그들이 버린 뼈를 빨고 있어야 하는 걸까?" 1만 년 전 '비옥한 초승달 지대'에서 누군가가 했을 만한 질문이다.

네덜란드 화가 얀 스테인의 1654년 그림 〈델프트 시장과 그의 딸)을 보고 우리도 비슷한 질문을 할 수 있다. 세상은 왜 이렇게도 불공평하고 불평등할까? 왜 돈 많은 델프트 시장의 딸은 아름다운 옷을 입고 우아하게 산책 나갈 때 거지의 아이는 엄마와 함께 구걸을 해야 하는 걸까? 불평등은 언제부터 시작된 걸까? 평등한 세상은 과연 가능할까? 동물의 세상에서 평등이란 무의미한 개념이다. 적어도 사회적 무리 생활을 하는 대부분의 포유류 세상에서는 말이다. 개코원숭이, 고릴라, 바다사자, 코끼리물범 등 모두 알파 수컷만이 모든 암컷과 먹잇감에 우선권이 있다. 불평등을 경제학적으로 표현하는 지니계수. 모든 자원을 한 사람이 독점하면 1, 반대로 사회적 자원을 모든 구성원들이 동일하게 나눠 가진다면 0으로 표현되는 지니계수에 따르면 개코원숭이와 고릴라와 바다사자 세상의 지니계수는 1에 가까울 것이다.

불평등이 일상인 야생동물의 세상. 먹잇감을 사냥하고 맹수들과 경쟁하기 위한 유일한 경쟁력이라고는 누구보다 큰 뇌뿐이던 인간은 언젠가 이해했을 것이다. 오로지 협업만이 살아남을 수 있는 길이라는 사실을. 그런데 여기서 문제가 생긴다. 사슴 한 마리보다 매머드 한 마리를 잡는 게 당연히 더 좋겠다. 그런데 매머드는 혼자 사냥할 수 없다. 수십 명이 함께 노력해야 거대한 동물 한 마리를 잡을 수 있다. 그런데 만약 누군가 매머드 고기를 혼자 차지하려 한다면? 아무리 힘센 두목도 수십 명 성인 남성들과 싸워 이길 수 없다. 그렇다면 결론은 하나다. 한 사람이 독점하지 않고 모두가 골고루 나눠 가지는 평등한 사회에서만 거대한 동물을 사냥할 수 있었다는 말이다.

사냥과 채집으로 생존하던 시대야말로 인류 역사상 가장 평등한 시대였는지도 모른다. 우리보다 더 '도덕적'이었기 때문은 아니다. 주어진 조건에서 가장 효율적인 생산 시스템이었을 뿐이다. 오늘날 여전히 사냥과 채집을 하는 아마존 원주민들 역시 가장 먼저 식구와 아이들을 챙기려 한다. 꿀과 고기와 과일을 숨기려고 시도하지만, 만약 발견되면 대부분 큰 저항 없이 공동체와 공유한다. 반대로 공동체는 소문과 수다를 통해("누가 맛있는 걸 숨기려 한다더라") 남들보다 더 많이 가진 자를 찾아내고 왕따시킨다. 수다와 소문은 평등을 유지하기 위한 '민간인 사찰' 도구로 시작되었기에 가장 평등한 사회는 어쩌면 프라이버시가 불가능한, 가장 자유롭지 않은 사회라는 가설을 세워볼 수도 있다.

하지만 약 1만 년 전 등장한 농업이 모든 걸 바꾸어놓는다. 사냥과 마찬가지로 농사 역시 대규모 협업을 필요로 한다. 그렇다면 궁금해진다. 협업을 필요로 한 사냥은 평등한 사회를 가능하게 했는데, 역시 협업을 요구하는 농업은 어떻게 사회 불평등의 기원이 된 걸까? 생산성과 결과물의 차이 때문이다. 사냥의 결과물은 빨리 상하고 쉽게 썩는다. 사냥과 채집을 본업으로 삼았던 시대에 생산과 소비가 최대한 비슷한 시기에 이루어져야 했던 이유다. 생산과 소비가 대부분 동시에 일어나기에 부가 누적될 수 없다. 하지만 농사는 다르다. 생산과 소비가 동시에 일어날 필요가 없기에, 지금 소비하지 않을 것들도 미리 생산해낼 수 있다. 능력과 상황, 우연의 결과로 불평등이 늘어나기 시작했다. 한번 시작된 불평등은 생산성이 늘수록 누적된다. 부와 가난 모두 다음 세대로 상속될 수 있기 때문이다. 어쩌면 전통과 종교, 정부와 법 모두 소유와 세습을 합리화하려는 시도에서 시작되었는지도 모른다.

아리스토텔레스는 그의 《정치학》에서 "중간층이 위와 아래를 합친 것보다 더 많은 사회가 가장 효율적"이라고 주장한 바 있다. 부유층과 빈곤층을 합친 수보다 중산층이 더 많아야 사회가 잘 굴러간다는 말이겠다. 하지만 반대로 이렇게도 주장할 수 있겠다. 인간은 태어날 때부터 능력과 성향이 다양하다. 더 많은 능력을 가지고 더 많이 노력한 사람이 더 많이 소유하는 건 너무나 당연하지 않냐고. 개인이 자유롭게 노력한 결과를 사회가 재분배하는 건 폭력이지 않냐고.

스탠퍼드 대학교 역사학자 발터 샤이델은 인류 역사상 극단적 불평등은 오로지 전쟁, 혁명, 국가 몰락 또는 대규모 전염병만을 통해 해소되었다는 우울한 결론을 내린 바 있다. 개인의 자유와 사회적 평등. 우리는 과연 서로 역설적인 이 두 가치를 동시에 그리고 평화적으로 달성할 수 있을까?

기원전 7~6세기 아테네는 폭발 직전이었다. 관행과 세습을 통해 막대한 부를 지닌 소수의 귀족과는 반대로 극심한 빈곤에 시달리는 대부분 시민들. 귀족 출신 솔론Solon은 귀족의 권력을 견제하고 시민의 힘을 키워주는 헌법을 통해 사회 불평등을 해소하려 하지만, 결국 실패하고 만다. 그 후 정치인 페이시스트라토스는 서민들의 지지를 받는 '포퓰리즘' 정책을 통해 참주tyrant가 되지만, 정권을 물려받은 그의 아들 히피아스는 독재 정치를 시도하다 결국 추방되고 만다. 새 지도자 클레이스테네스(기원전 570년 탄생)는 고민에 빠진다. 솔론의 헌법 개혁과 페이시스트라토스의 포퓰리즘 모두 사회 불평등을 해소하는 데 실패했다. 그뿐만이 아니다. 귀족과 서민, 가진 자와 가진 게 없는 자를 적대화시킨 포퓰리즘은 폭정과 독재를 탄생시켰다. 지나친 자유는 불평등을 만들지만, 지나친 평등은 자유를 억압한다는 말이다.

민주주의의 핵심은 대의원제다. 모든 시민이 동시에 모여 의사결정을 할 수 없기에, 대리인을 선출해야 한다. 문제는 그 대리인을 뽑는 기준이 무엇인가 하는 점이다. 원래 고대 아테네는 다양한 부족들의 합집합이었다. 친척 관계로 엮인 부족들의 의견을 대표하는 대리인들의 모임을 통해 중요한 결정들을 내렸다. 솔론 개혁의 핵심은 아테네 시민들을 유전적 관계가 아닌 경제적 조건을 기반으로 분리했다는 점이다. 하지만 솔론의 개혁에는 맹점이 하나 있었다. 아테네 시의원들은 전체 공동체가 아닌 본인이 소속한 경제 계층의 이기적 어젠다만을 지지했으니 말이다. 클레이스테네스는 혁신적인 제안을 한다. 시의원들을 더 이상 출신과 경제적 조건이 아닌 그들이 살고 있는 지역에 따라 랜덤으로 선발하자는 제안이었다. 오늘날 대부분 민주주의 국가들이 사용하고 있는 지역구 기반 대의원 제도의 시작이었다. 그리고 클레이스테네스는 새로운 개념의 평등과 자유를 제안한다. 바로 '법 앞에서의 평등isonomia'과 '표현의 자유isegoria'였다. '자유'는 모든 것을 해도 된다는 의미가 아니고, '평등'은 모두가 똑같아야 한다는 말이 아니다. 모든 것이 허용된 무질서한 자유가 아닌 개인의 의견과 능력을 발휘할 수 있는 표현의 자유, 그리고 모두가 똑같아야 하는 독재적 평등이 아닌 법 앞에서의 평등을 기반으로 한 사회에서만 개인의 자유와 사회적 평등을 동시에 만족시킬 수 있을 것이라는 가설.

  2,500년이 지난 오늘. 클레이스테네스의 꿈은 여전히 실현되지 못했다. 우리는 여전히 타인의 권리와 자유를 침해하는 능력만능주의 불평등과 개인의 자유를 억압하는 평등주의 독재를 오가며 살고 있으니 말이다.

앙리 루소 〈잠자는 집시〉

세계관

역사상 가장 거대한 공동 현실

인간이란 무엇인가? 계몽주의 철학자 칸트는 "스스로 답할 수 없는 질문을 끝없이 던지는 존재"라고 정의해 유명하다. 인간은 필연적으로 형이상학적인 동물이라는 말이겠다. 뭐, 그럴 수도 있겠다. 그런데 이제 정말 궁금해진다. 삶의 의미는 무엇일까, 우리는 어디에서 오고 어디로 가는가, 신은 존재하는가…. 왜 호모 사피엔스는 답도 없는 질문에 그렇게 집착하는 걸까?

　1929년 스위스의 작은 도시 다보스에서는 지극히도 고리타분한 이런 철학적 주제를 두고 치열한 토론이 벌어지고 있었다. 바로 신칸트 철학의 대가인 에른스트 카시러와 당시 가장 '힙'했던 젊은 철학자 마르틴 하이데거의 논쟁이었다. 칸트의 계몽주의 전통을 이끌던 유대인 카시러는 주장한다. 경험만이 아닌, 상징과 기호를 통해 세상을 사유할 수 있는 인간이기에 답이 없는 질문 역시 우리는 끝없이 만들어내고, 바로 그런 질문을 통해 꾸준히 계몽된다고. 추후 나치 독재 정권과 협력하게 되는 하이데거는 반박한다. 아니, 죽음에 대한 두려움과 도저히 이해할 수도, 용납할 수도 없는 존재의 시간적 한계가 모든 철학의 시작이자 끝이어야 한다고. 카시러의 논리-언어적 접근으로는 인간의 존재적 두려움을 해결할 수 없다고.

죽음에 대한 두려움일까? 아니면 이 세상 모든 걸 기호와 상징으로 표현하려는 본능 때문일까? 40대가 넘어 그림을 출품하기 시작한 프랑스 화가 앙리 루소의 작품을 한번 살펴보자. 미술사를 공부한 적도, 관심도 없었던 루소의 손은 그저 자신의 눈이 만족할 때까지 그렸을 뿐이다. 표현할 의미가 없었기에 숨겨진 기호도 없는 루소의 그림. 하지만 덕분에 역설적으로 그의 작품들은 마음껏 투사 가능한 상징과 의미로 가득하다. 여인은 왜 사막 한가운데서 잠이 든 것일까? 사자가 그녀의 냄새를 맡고 있다는 사실을 알고는 있는 걸까? 외로운 사막 같은 인생에서 결국 사자 같은 죽음을 마주치는 것이 인간의 조건이라는 말을 하고 싶었던 걸까? 종교일까? 아니면 과학과 철학? 삶에서 길을 안내해 주던 지팡이는 이제 아무 소용없고, 인간에게 허락된 작은 행복을 주던 화려한 옷과 멋진 악기도 무의미해 보인다.

호모 사피엔스도 다른 생명과 마찬가지로 태어나는 순간부터 죽기 시작한다. 이렇게 '죽음'은 모든 인간의 시작이자 끝이다. 하지만 시작과 끝 사이엔 언제나 중간이 있고, 비움보다 채움을 선호하는 인간은 보고 듣고 만져지는 것들로 삶을 채우기 시작한다. 그런데 여기서 문제가 생긴다. 뇌가 머릿속에 있으니 말이다. 세상을 직접 경험할 수 없는 뇌는 두개골이라는 감옥 안에 평생 갇힌 죄인이다. 눈과 코와 귀가 전달한 정보를 통해 세상을 간접적으로 이해해야 하지만 뇌에 정보를 전달하는 센서들은 완벽하지 않다. 아니, 완벽할 필요가 없다. 눈, 코, 귀, 그리고 뇌의 진화적 목표는 진실이 아닌 현실에서의 생존이다. 생존만 보장해준다면 진실은 언제든지 왜곡 가능하다.

개미의 현실과 인간의 현실, 아메바의 세상과 고래의 세상, 모래와 블랙홀의 현실. 오직 인간만이 기호와 상징을 사용할 수 있기에 인간은 새로운 게임을 하기 시작한다. 바로 '현실 만들기'다. '현실이란 무엇인가'라는 질문을 던지

는 순간 우리는 질문을 던질 수 있는 무언가의 존재를 가
정한다. 지구 대부분 생명체들은 현실에 대한 질문을 할 수
없다. 인간과 가장 비슷한 영장류들의 인지 능력은 충분히
토론해볼 수 있겠지만, 여기서는 현실이란 필연적으로 인
간의 질문을 바탕으로 한다고 가정하자.

우리는 끝없이 질문을 던진다. 산과 바다 너머 세상은 어
떤 모습인지, 만물을 창조한 전능한 존재가 있었는지, 왜
우리는 죽어야 하는지 등등. 비슷한 경험은 비슷한 질문과
비슷한 세계관을 낳는다. 빙하시대 매머드를 사냥하던 우
리 조상들. 꽁꽁 얼어붙은 손과 발을 녹이며 질문하지 않았
을까? 매머드들은 어디에서 오는 걸까? 왜 불은 따듯하고
얼음을 차가울까? 더 이상 입김이 나오지 않는 어머니의
몸은 왜 딱딱하게 굳어버린 걸까?

사막에서의 인간은 사막에 최적화된 현실과 세계관을
만들고, 바다로 둘러싸인 섬에 정착한 이들은 신이 바닷속
에 산다고 믿었다. 정글에서 생존해야 했던 아마존 인디언
들은 깊은 밀림 속 재규어를 섬겼고, 가나안에 도착한 히브
리인들은 단일신 야훼를 믿었다. 홀로 태어난 인간은 자신
만의 현실을 만들지만, 개인의 현실은 가족과 마을의 현실

에 합류된다. 서로 다른 현실들이 합쳐지고 녹아들어 모두가 동의하고 공유할 수 있는 '현실'이 만들어지는 것이다.

소설 《장미의 이름》으로 유명한 움베르토 에코는 사실 소설가이기 전에 기호학자이다. 특히 중세 철학과 중세 기호학의 대가였던 그는 현대사회와 중세의 가장 큰 차이가 현실에 대한 이해에 있다고 생각했다. 대부분 자신이 태어난 마을에서 자라고 결혼하고 아이를 키우다 죽었던 중세인들의 세상은 마을을 넘지 못했다. 인쇄물도 신문도 라디오도 없던 시대에 그들이 '동기화'해야 할 현실은 지극히 작았다. 그렇다면 반대로 현대화란 시간과 공간적으로 멀리 떨어진 사람들의 현실과 세계관을 동기화하는 과정이라고 해석해볼 수 있다. 여행과 매스미디어, 역사책, 국가와 정부의 탄생은 마을마다 독립적으로 존재하던 세계관과 현실을 통합하기 시작한다. 마치 동네 작은 식당과 가게가 대형마트와 프랜차이즈로 대체되듯 말이다.

같은 이야기, 같은 역사, 같은 라이프 스타일을 공유하며 서서히 공통된 목표와 이해관계를 추구하는 공동체로 발전한 현대사회. 물론 공동체의 모든 구성원의 역할과 영향력이 동일할 수는 없겠다. 철학자이자 사회학자인 하버마스는 그렇기에 가장 이상적인 공동체는 모두가 동일한 권리를 기반으로 같은 공론장에 참여해야만 가능하다고 주장한다. 동등한 공동체 구성원들 간의 충분한 논의를 거쳐 얻은 컨센서스가 바로 그 현실에서의 '진실'이라는 것이다.

20세기 말 우리는 어쩌면 인류 역사상 가장 거대한 공동현실을 만들어냈는지도 모른다. 세상은 평평했기에 제품과 서비스, 꿈과 아이디어 모두 공유되어 '세계화'라는 하나의 거대한 현실로 녹아들어가기 시작했으니 말이다. 하지만 가장 높은 곳은 언제나 가장 깊게 추락할 수 있는 곳일까? 인터넷과 개인미디어, SNS 뉴스피드와 추천 시스템은 모두가 참여하고 토론하는 공론화를 이제 무의미하게 만들기 시작한다. 더 이상 우리는 하나의 현실을 향해 가지 않는다. 다양한 경험이 하나의 현실로 모아지는 것이 아니라 각자 선호하는 현실과 가장 잘 어울리는 정보만 골라 소비하고 있을 뿐이다.

그런데 모두가 같은 현실을 논의하지 않는다면, 논리와 팩트는 무의미해지지 않을까? 공론화가 불가능한 공동체에서는 음모론이 판치고, 진실은 가장 목소리 큰 이의 몫이 된다. 롤플레잉 게임과 가상현실을 통해 현실의 다양성을

이미 경험한 인류는 이제 사회 공동체 역시 다중 현실 중
하나로 받아들이기 시작하는지도 모른다. 현실이 여러 개
라면, 진실 역시 여러 개다. 모두가 동의하는 하나의 진실
과 도덕이 불가능해진 21세기. '현실'이 더 이상 절대적이
지 않은 미래에서는 어쩌면 모두가 합의한 공동 현실을 개
선하기 위한 노력 대신, 언제든지 믿었다가 포기할 수 있는
'인스턴트 현실'의 세상에 머물고 말 수도 있다.

장래웅 제롬, 〈아래로 내린 엄지〉

게임

인생 시뮬레이션

정말 엄지를 아래로 내렸던 걸까? 칼로 베고 창으로 찌르고 그물을 던지고. 불과 몇 시간 전 함께 아침밥을 먹으며 시시콜콜한 농담을 나누던 그들은 이제 서로가 서로의 사냥꾼이 되었다. 금발의 게르만 거인과 북아프리카 출신 흑인, 페르시아군 포로와 켈트족 노예. 검투사의 운명이야 어차피 그런 거 아니겠는가? 얼마 전까지 로마제국 최고의 슈퍼스타였던 챔피언은 이제 피로 시뻘겋게 물든 모래 위에 쓰러졌다. 패자는 자비를 빌지만 승자의 칼은 이미 그의 목을 겨눈다. 선택은 관중에게 있다. 사느냐 죽느냐, 죽음이냐 삶이냐. 돌체 비타Dolce vita, 그러니까 '삶의 달콤함'은 그다지 대단하지 않다. 방금 막 구운 빵의 향기, 영원한 사랑을 약속하는 연인의 거짓말, 목구멍을 스쳐가는 순간 인생의 모든 괴로움을 잊게 해주는 포도주. 패배한 검투사는 잠시 후면 알게 될 것이다. 그렇게도 달콤한 숨 한 모금을 다시 삼켜볼 수 있을지를 말이다.

아래로 내린 엄지는 죽음, 위로 척 올린 엄지는 자비와 삶을 의미한다고 프랑스 화가 장레옹 제롬은 추측했지만, 사실 역사적으로 확실하지는 않다. 아래로 내린 엄지 또는 주먹 안에 숨긴 엄지가 자비를 의미한다는 설도 있고, 패배자의 생존을 의미하는 특정 신호 자체가 존재하지 않았다고 보는 역사학자들도 있다. 사실 엄지가 어디를 향했는지 뭐가 그렇게 중요하겠는가? 중요한 것은 2천 년 전 로마제국에서 중산층 가장과 젊은이들이 인간이 인간을 살육하는 장면을 보기 위해 줄을 서고, 자신의 엄지가 한 사람의 삶과 죽음을 좌우한다는 사실에 흥분했다는 점이다. 마치 오늘날 축구장같이 로마제국 웬만한 도시에는 하나씩 있었던 원형경기장. 죽음 앞에서 공포로 가득한 타인의 얼굴이야말로 가장 흥미롭고 즐거운 엔터테인먼트였던 것이다.

우리의 관심과 시간을 언제나 독차지하려는 게임과 놀이. 현대인들만이 아니다. 기원전 2600년경 고대 수메르인들은 옹기종기 모여 '우르의 게임'을 즐겼고 석기시대 원시인들 역시 그들만의 놀이와 게임에 푹 빠져 있었을 것이다. 엔터테인먼트 산업이 진정한 블루오션이자 미래의 새로운 먹거리라고 지금 우리야 호들갑 떨지만, 사실 놀이와 게임은 오랜 시간 동안 직접적인 생존과는 거리가 멀었다. 그렇다면 이제 궁금해진다. 그 시간에 한 번이라도 더 사냥을 나갈 수 있었을 텐데 인간은 왜 게임과 놀이를 즐겼던 것일까? 인류는 왜 '쓸모없는' 놀이에 시간을 낭비하는 걸까?

네덜란드 역사학자 요한 하위징아는 인류의 문명 그 자체가 자유롭고 시간에 얽매이지 않는 놀이에서 시작되었다고 주장한 바 있다. 하지만 아무리 인류가 생각에만 집착하는 호모 사피엔스가 아닌, 즐거움과 놀이를 더 선호하는 호모 루덴스라고 가정하더라도, 여전히 질문의 핵심은 남는다. 인간은 도대체 왜 노는 걸까? 러시아 발달심리학자 레프 비고츠키는 주어진 여유 시간과는 상관없이 이 세상 대부분 아이들은 어른들보다 더 많은 시간을 놀이에 투자한다고 했다. 특히 경험과 교육 없이도 아이들은 스스로 놀이를 선택한다. 그렇다면 놀이는 인간의 타고난 본능 중 하나가 아닐까?

어둠과 파충류를 두려워하는 본능, 이성에게 관심을 보

이는 본능, 썩은 음식보다 달고 신선한 음식을 더 선호하는 본능. 거의 모든 본능에는 생리학적 또는 진화적 기능이 있다. 그럼 놀이의 진화적 기능은 과연 무엇일까? 비고츠키는 '시뮬레이션'이라고 주장한다. 세상은 복잡하고 다양하다. 더구나 우리는 어떤 환경에서 태어나고 살아가게 될지 태어나기 전에는 알 수 없다. 눈을 떠보니 '대한민국'이라는 현실에 떨어졌을 뿐이다. 다른 포유류들의 뇌와 비슷하게 인간의 뇌 역시 '결정적 시기'를 통해 이 문제를 해결하려 한다. 완성되지 않은 상태로 태어난 뇌는 이 결정적 시기 동안의 경험을 통해 완성된다. 여기서 자주 사용된 뉴런들 간 연결고리는 강화되지만, 사용되지 않은 연결성은 사라지거나 약해진다. 어린 시절 뇌는 마치 찰흙처럼 유연해서 노출된 환경을 경험하고, 거기에 적응함으로써 최적화될 수 있다.

그런데 여기서 새로운 문제가 하나 생긴다. 결정적 시기에 모든 걸 경험해보기에는 세상이 너무나 다양하고 위험하다. 하지만 만약 직접 경험할 수 없는 상황과 경우를 놀이를 통해 간접적으로 미리 경험한다면? 내가 만약 공주를 구해야 하는 왕자라면? 내가 만약 남극을 탐험한다면? 마치 파일럿이 비행 시뮬레이션을 통해 실제 상황에 대비하듯 인간은 놀이라는 '롤플레잉', 즉 역할수행 게임을 통해 자신의 인생이라는 '극한게임'을 준비한다는 것이다.

놀이의 핵심이 '인생 시뮬레이션'이라면, 우리가 지금 살고 있는 이 세상 자체가 어쩌면 MMORPG, 대규모 사용자 온라인 롤플레잉 게임Massively Multiplayer Online Role-Playing Game이지 않을까? 누구는 국회의원, 누구는 과학자, 누구는 코미디언, 다른 누구는 유명 요리사 역할을 하는 그런 게임 말이다. 모두 같은 세상에 태어나 출세, 돈, 사랑, 행복이라는 게임의 목표를 달성하기 위해 발버둥치기에, 다른 이들은 나의 경쟁자이자 내 성공의 걸림돌이다. 더구나 세상이라는 게임에서는 'UNDO'가 불가능하고 'SAVE&EXIT' 버튼 역시 존재하지 않는다. 우리는 모두 세상이라는 잔인한 게임에서 검투사인 것이다.

모두가 같은 게임을 해야 하기에 승자보다 언제나 패자가 더 많을 수밖에 없는 '인생'. 그런데 최근 흥미로운 일들이 벌어지고 있다. 언제나 내가 주인공인 새로운 형태의 온라인 롤플레잉 게임이 가능해졌으니 말이다. 국내 기업들이 개발한 MMORPG 게임들이 세계적으로 돌풍을 일으키고 있는 오늘날, 어쩌면 그들은 인류의 가장 오래된 놀이를 반복하고 있는지도 모른다. 바로 '인생 시뮬레이션'이다. 하지만 다른 점이 있다. 이제 모두가 같은 세계에서 경쟁할 필요는 없다. 나를 위한, 언제나 내가 중심이자 주인공인 세상. 현실에선 다음 달 월급을 눈 빠지게 기다리는 신입사원이지만, 나만의 세상에서는 영웅도 신도 될 수 있다. 더구나 앞으로 더 발전할 인공지능 기술을 통해 지금까지 내 세계관 안에서만 존재하던 NPC(Non-Player Character, 인간이 아닌 비플레이어 캐릭터)들이 우리가 살고 있는 세상으로 문자와 이메일을 보내고, 유튜브 영상과 생일 선물을 추천하는, 현실과 게임의 세상이 서로 연속되는 하이브리드 인생 시뮬레이션을 상상해볼 수도 있다.

놀이와 게임이 인류 문명을 가능하게 했을 수도 있다. 하지만 이제 고도로 발달된 문명은 더 이상 모두가 공생하는 '공공 세상'이 아닌, 한 명의 소비자를 위한 '개인 세상'을 가능하게 한다. 대량생산이 아닌 개인화된 소비, 매스미디어가 아닌 개인미디어, 그리고 하나의 세상 속 시뮬레이션이 아닌 각자가 개인의 우주를 은신처로 삼는 세상에서 우리는 앞으로 살게 될지도 모른다.

현실은 잔인하고 나에게 무심하지만, 미래 인류는 어쩌
면 자신만을 위한 '세상 시뮬레이션'을 통해 위로를 받고
위안을 느끼게 될지도 모른다는 말이다.

레오나르도 다빈치 〈광야 속의 성 제롬〉

친구

인류의 킬러 앱

누구보다 아름답고 젊었다. 돌아가신 아버지는 로마 원로원이셨고, 명문 푸리 가문 출신인 어머니는 평생 비단옷만 입었다. 고대 로마 최고 가문의 여성이었던 에우스토키움 율리아. 로마의 모든 문은 그녀를 위해 활짝 열려 있었다. 하지만 그녀는 부와 도시가 아닌 가난과 사막을 선택한다. 마치 거지 같은 모습으로 로마에 나타난 성 제롬, 히에로니무스처럼. 시리아와 이집트에서 은자 생활을 하던 제롬은 설득한다. 친구나 도시가 아니라 사막과 외로움을 선택해야 한다고.

사막에서 은둔 생활을 하며 이 세상 친구가 아닌 영원한 구원과 친구를 찾았던 에우스토키움. 그리스어를 잘 몰랐던 제롬이 첫 라틴어 번역 성경을 완성할 수 있었던 것은 당시 최고의 교육을 받았던 그녀의 도움 덕분이었다. 이제 궁금해진다. 왜 그녀는 이 세상의 편안함과 친구를 포기한 것일까? 인간은 왜 친구가 필요한 걸까?

수백만 년 전 아프리카 초원에서 탄생한 '호모'속의 삶은 위험했고 두려움으로 가득했다. 맹수들에겐 잡아먹기 너무나도 쉬운 먹잇감에 불과했으니 말이다. 이런 인간의 연약함으로 보면 이제 맹수들이 동물원에서 아이들의 셀카 모델이 되어버렸다는 사실은 너무나 신기하다. 왜 가장 나약한 동물 중 하나인 인간이 지구의 주인이 될 수 있었던 것일까? 누구보다 큰 뇌 때문이라고 말한다. 하지만 뇌가 크다는 사실 그 자체에는 아무 의미가 없다. 두개골 안에 있는 뇌를 꺼내 무기로 삼을 수는 없을 테니 말이다. 뇌의 가치는 뇌가 만들어낸 결과물에 있다. 문명, 도시, 핵무기, 인터넷. 분명히 지구를 정복하는 데 공헌했을 것들이다. 그런데 여기엔 논리적으로 문제가 하나 있다. 호모속의 뇌는 이미 수백만 년 전, 호모 에렉투스와 하빌리스 시절부터 커지기 시작해 네안데르탈인은 이미 현대인 크기의 뇌를 가졌었다. 커진 뇌의 가장 직접적인 결과물이 어쩌면 문명과 기술이 아닐 수도 있다는 말이다.

　그렇다면 인류가 지구를 정복할 수 있었던 원초적 '킬러
애플리케이션'은 과연 무엇이었을까? 어쩌면 친구들일지
도 모르겠다. 인간은 사회적 동물이다. 혼자서는 나약하지
만 열 명이 모이면 맹수가 두렵지 않고, 백 명이 힘을 합치
면 매머드 사냥도 가능해진다. 많으면 많을수록 생존확률
을 높여주는 친구들. 그들은 과연 어떤 존재일까? 적어도
신뢰할 수 있고, 서로 동등한 거래 관계를 유지해야 한다.
변치 않는 유전적 가치가 있는 식구들과는 달리 기능적 가
치가 핵심인 친구 관계를 유지하기 위해서는 과거의 거래
관계를 정확히 기억할 수 있어야 한다. 내가 주는 바나나는
언제나 받아먹지만 나에겐 아무것도 주지 않는 친구와의
관계는 유지하기 어렵다는 말이다.

　뇌가 크면 클수록 더 많은 사람들과의 거래 관계를 기억
하고 그들의 미래 행동을 예측할 수 있다. 커진 뇌 덕분에
인류는 생존에 필요한 친구를 '무기화'할 수 있었던 것이
다. 하지만 무한히 커질 수는 없다. 이미 인간의 뇌는 산모
의 목숨을 위협할 정도로 커진 상태였다. 그렇다면 뇌가 더
이상 커지지 않는 상태에서 어떻게 새로운 친구들을 확보
할 수 있을까? 답은 '상상의 친구들'이었다. 언제나 우리를

보호해주던 부모님들. 더 이상 살아 계시지 않지만, 열심히 제사를 지내고 기억한다면 그들의 영혼만이라도 우리를 도와주지 않을까? 아니, 부모님들의 영혼만이 아니다. 해와 달, 하늘과 바다 모두 영혼이 있다면, 그들에게 기도하고 부탁하면 인간을 능가하는 힘이 있는 그들은 나의 '슈퍼 친구들'이 될 수 있지 않을까?

하지만 위험한 세상에서 생존하기 위해선 상상의 슈퍼 친구들보다 조금 더 실체가 있는 친구들 또한 필요했다. 여전히 우리가 알아보고, 기억하고, 직접 대면 관계를 유지하는 사람의 수는 백몇십 명에 불과하지만, 우리는 더 이상 백 명의 친구가 아닌, 백만 명, 천만 명의 '내 편들'과 공동체를 유지하고 있다. 어떻게 이 수천만 명의 새로운 '친구들'을 만들어낸 걸까? 바로 신뢰를 아웃소싱했기 때문이다. 모두가 신뢰하는 제3의 무언가가 있다면, 그 무언가 또는 누군가를 통해 간접적 신뢰 관계와 간접적 친구 관계를 구성해볼 수 있다. 같은 언어, 같은 민족, 같은 역사라는 스토리텔링을 통해 우리는 내 편이 될 수 있는 새로운 친구들을 만들기 시작한다. 여전히 정부와 국가를 위해 전쟁터로 향하고, 지지하는 축구팀을 위해 목이 쉬도록 수천 명의 다른 팬들과 함께 응원을 하는 이유다.

진화 과정에서 자주 볼 수 있는 현상 중 하나는 인플레이션이다. 특정 상황에 도움이 되었던 기능이나 구조가 필요 이상으로 증폭하고 부풀려지는 현상이다. 공작의 꼬리는 너무 커져서 나는 기능을 방해하고, 등껍질이 너무 무거워진 거북이는 스스로 드러눕지 못한다. 인간도 비슷하다. 내 편이 될 수 있는 친구를 더 많이 확보하기 위한 진화적 인플레이션이 일어난다. 인류는 존재하지 않는 상상의 슈

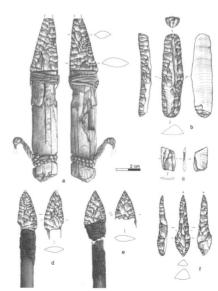

외치의 석기:
a)단검, b)밀개, c)송곳,
d)와 e)돌화살, f)작은 조각

퍼 친구, 부족과 민족을 넘은 물건과 장소도 친구로 삼으려 한다. 1991년 이탈리아 알프스 산맥에서 발견된 냉동인간 외치Ötzi. 냉동 상태로 잘 보존된 그의 시체는 5천 년 전 고대 인류의 삶과 죽음에 대해 많은 것을 가르쳐주었다. 특히 그가 가지고 있던 물건들은 우리에게 새롭지 않다. 칼과 화살과 돌과 도끼와 가방. 여행을 떠나는 우리가 수많은 물건들을 가지고 나서듯, 외치 역시 장비를 가지고 다녔던 것이다. 장소도 친구가 될 수 있다. 농사가 잘되고 살찐 동물들로 가득한 초원, 천둥번개가 치면 숨을 수 있는 거대한 바위, 미래 사냥의 성공을 빌기 위해 그려놓은 벽화로 가득한 깊은 동굴…. 모두 생존에 도움이 되는 새로운 '친구들'이었다.

친구는 중요하다. 하지만 동시에 문제도 있다. 작가 고어 비달이 말했듯 "친구가 성공하면 언제나 내면의 무언가가 무너지는 느낌"이 들기 때문이다. 생존을 위해 점점 더 확장된 개념의 친구를 확보한 우리. 하지만 너무나도 확장되었기에, 이제 친구의 성공이 나의 생존과 행복이 아닌, 불행과 부러움이 될 수도 있다. 그렇다면 미래의 친구는 과연 어떤 모습일까? 확장된 친구의 개념을 통해 지구를 정복한 인류는 앞으로도 계속 새로운 친구를 필요로 할 것이다. 인터넷으로만 연결된 '랜선' 친구와 인공지능으로 무장한 사이버 세상에서의 아바타 친구들. 이들에겐 실물의 친구들에게 없는 큰 장점이 하나 있다. 언제든지 탈퇴하고 배신하고 버릴 수 있다는 장점 말이다.

위험한 세상에서의 인류는 언제나 외로웠다. 외로움은 홀로 남은 이 세상에서 느끼는 미래에 대한 불안감이기 때문이다. 확장된 친구 개념을 통해 존재적 외로움을 극복하려던 인간. 세상을 정복하고 이제 지구의 주인이 되었지만, 우리는 아직도 외롭다. 여전히 존재적 외로움을 느끼기에 오늘도 인터넷을 뒤지며 새로운 친구를 찾고, 미래 로봇과 인공지능이 또 다른 새로운 친구가 되어주길 기대하는지도 모른다. 하지만 친구가 아무리 많아봐야 인류의 본질적인 문제는 해결해줄 수 없다. 1,600년 전 고대 로마 여인 에우스토키움은 아마 생각했을 것이다. 외로움에서 벗어나려 인간은 친구를 찾지만, 외로움은 마치 그림자 같은 영원한 동반자라고. 시끄럽고 번화한 대도시 로마에서의 외로움은 가짜 친구를 찾게 하지만, 사막에서 느끼는 진정한 외로움은 드디어 참된 친구를 알아보게 한다고.

괴물

훔바바와 좀비

인류 최초 대도시였다는 수메르의 우루크Uruk. 우루크 최고의 왕이자 영웅 길가메시는 《길가메시 서사시》의 주인공이기도 하다. 특히 '길가메시와 훔바바' 이야기는 고대 메소포타미아인들에게 인기가 높았다. 나무가 없는 메마른 땅 수메르. 신전 건설에 필요한 삼목을 구하기 위해 길가메시와 친구 엔키두는 서쪽 먼 나라(아마도 지금의 레바논이 아닐까)에 있다는 풍성한 삼목산으로 향한다. 그런데 문제가 하나 있었다. 삼목산을 지키는 괴물 훔바바 때문이었다. 사실 훔바바는 처음부터 괴물이 아니었다. 엘람 지역 최고의 신이었던 훔반Humban이라는 이름의 그는 수메르인들로부터 후와와Huwawa 또는 훔바바Humbaba라고 불리기 시작했고, 어느덧 수메르 신들에 복종해 삼목산을 지키는 가디언으로 추락해버렸다. 삼목을 베어가려는 길가메시와 신들이 살고 있는 삼목산을 지켜야만 하는 훔바바. 길가메시와 엔키두와의 싸움에서 진 훔바바는 참수당하고, 얼굴이 "사자 같이" 용맹했다는 초기 수메르 기록과는 달리 추후 바빌로니아인들은 훔바바의 얼굴을 마치 꼬인 내장으로 만들어진 흉악한 괴물처럼 표현하기 시작한다. 페르세우스가 참수한 그리스·로마 신화의 메두사, 보물을 강탈하려는 지크프리트와 싸우다 죽은 게르만 신화의 용 파프니르Fafnir, 고대 영국 베어울프 서사시에서 베어울프에게 죽임을 당하는 그렌델Grendel…. 이들과 마찬가지로 신적 존재였던 훔바바는 괴물이 되었고, 인간의 욕망을 가로막다 결국 죽임을 당하는 수많은 괴물들의 원조가 되어버린 셈이다.

그렇다면 궁금해진다. 왜 인간은 괴물을 상상하기 시작한 것일까? 단순히 인간의 무의식적 두려움과 절망을 상징하는 걸까? 아니면 네덜란드 화가 히에로니무스 보스의 〈쾌락의 정원〉같이 이 세상에서의 탐욕과 쾌락은 지옥에서의 영원한 고통으로 끝난다는 교훈을 주기 위해서였을까? 아니면 아무리 현실이 두렵고 힘겨워도 결국 승리하고 성공할 것이라는 카타르시스가 필요했던 걸까? 영웅과 괴물

히에로니무스 보스 〈쾌락의 정원〉 부분

의 싸움은 동시에 선과 악의 대결이기도 하다. 쫄쫄이 옷을 입고 하늘을 날며 슈퍼파워를 지닌 영웅. 매일 그날 하루 먹고살 걱정을 하며 인생 대부분이 절망과 패배로 가득한 대부분의 수메르인과 고대 그리스인, 로마인, 중세기인, 오늘날의 한국인에게 영웅은 우리가 영원히 될 수는 없지만 절대로 포기할 수 없는 마지막 희망이자 구원인지도 모르겠다. 반대로 괴물은 우리가 아닌, 하지만 언제나 우리가 원하는 모든 것을 이미 가지고 있는 듯한 '그들'이다. 수메르의 훔바바, 고대 그리스의 메두사, 게르만의 그렌델과 파프니르에서 중세기 유럽의 집시와 유대인까지, '우리'와 '그들'의 싸움은 어느새 '선과 악'의 싸움이 되어버린다.

최근 독일 주간 신문 〈디차이트〉는 흥미로운 질문을 하나 던졌다. 역사적으로 가장 낮은 범죄율을 자랑하는 평화롭고 안전한 선진국들에서 왜 그 어느 때보다 더 많은 범죄와 살인 장면으로 가득한 영화와 방송을 즐기고 있을까? 한 편에 적어도 한두 명에서 많게는 수천 명이 살해당하며, 단순한 살인이 아닌, 잔인한 폭력과 고문 장면이 포함될수록 시청률은 치솟는다. 개인에게 자유와 계몽을 가져다주겠다며 시작된 인터넷은 폭력과 거짓의 천국이 되었고, 낮에 열심히 일하던 선생님, 학생, 변호사, 공무원들이 밤만 되면 타인을 암살하고 좀비를 참수하는 컴퓨터 게임에 몰두한다. 현실에서 사라져가는 폭력과 악을 드라마와 게임에서 되찾으려는 듯한 인간. 우리는 '악' 없이는 살 수 없는 존재일까?

세상은 잔인하고 폭력적이고 무의미하다. 눈을 뜨고 세상을 바라보는 순간 누구도 외면할 수 없는 현실이다. 더구나 이렇게도 힘겨운 인생을 살겠다고 우리는 동의한 적도 없고, 그 누구도 우리에게 제대로 설명해주지 않았다. 어디 그뿐일까? 죽도록 공부하고 일해 이제 겨우 살 만하면 우리는 이 세상을 떠나야 한다. 이유 없이 태어나 다시 이유 없이 죽어야 하는 인간. 도대체 무슨 이렇게 황당하고 재미없는 게임이 다 있을까? 우리만의 질문은 아닐 것이다. 고대 수메르인들 역시 똑같은 질문을 했을 것이고, 그들의 질문은 길가메시와 훔바바의 이야기를 탄생시킨다.

《길가메시 서사시》는 적어도 두 개의 버전이 있다. 초기 수메르어(기원전 2100년) 버전은 "모든 왕들을 능가하는shutur eli sharri…"으로 시작되지만, 오늘날 '표준'으로 불리는 아카디아어/바빌로니아어 버전(기원전 1200년)은 "깊은 곳을 본이 sha naqba imuri…"로 시작한다. 초기 수메르어 버전이 비교적 단순한 길가메시라는 영웅의 전설 이야기라면 후기 바빌로니아어 버전은 조금 다른 이야기에 집중하는 듯하다. 도대체 길가메시가 봤다는 '깊은 곳'이 뭘까? 영생을 얻기 위해 세상을 떠돌던 길가메시는 세상 끝 주막에서 술의 여신 시두리를 만난다. 괴물 훔바바와 하늘의 황소 구가라나를 살해한 대가로 죽어야 했던 친구 엔키두를 애도하며 자신은 절대 죽고 싶지 않다는 길가메시에게 시두리는 말해준다. 언젠가 죽어야 하는 것이야말로 가장 필연적인 인간의 조건이라고. 그냥 고향 친구들과 맛있는 음식과 술을 즐기고, 아름다운 여자와 사랑을 나누고, 귀여운 아기가 크는 모습을 보며 살면 된다고.《길가메시 서사시》표준 버전이 완성되고 1200년이 지난 뒤에 로마 시인 호라티우스가 말할 '카르페 디엠', 그러니까 오늘 하루를 즐기라는 조언이겠다.

《길가메시 서사시》수메르어 버전은 시두리의 조언으로 끝났을 것이라고 대부분 전문가들은 추측한다. 그런데 뭔가 찜찜하긴 하다. 신의 피와 진흙을 섞어 인간을 만들었다는 수메르의 신들은 왜 인간에게는 영생을 주지 않은 걸

까? 메소포타미아의 독자들 역시 궁금해 했던 것 같다. 바
빌로니아 표준 버전에서는 우트나피쉬팀의 이야기가 추
가된다. 신들의 노예로 만들어진 인간은 뜻밖에도 너무나
빨리 번식하기 시작했다는 거다. 그리고 인간은 시끄러웠
다. 떠들고 노래하고, 울고 웃고, 다투고 화해하는 인간. 너
무나도 시끄러워진 인간을 제거하기 위해 신들은 대홍수
를 일으킨다. 우트나피쉬팀은 거대한 방주를 만들어 인류
와 동물을 구하고, 노여움이 풀린 신들은 그에게 보상으로
영생을 부여한다. 그리고 한 가지 약속을 한다. 다시는 인
류를 멸종시키지 않겠다는 약속의 담보로 인간은 절대 가
질 수 없는 영생을 우트나피쉬팀에게만 부여한다고. 그렇
다. 신들과 인간과의 약속을 표시하는 것이 우트나피쉬팀
의 영생이기에, 누구나 영생을 얻게 된다면 인간과 신들 간
의 약속 역시 무효될 수 있다는 말이다. 개인의 영생이 바
로 인류의 멸종을 가져올 수 있다는 사실. 길가메시가 가장
'깊은 곳'에서 얻은 교훈이고, 그 교훈을 얻기 위해 훔바바
는 괴물이 되어 죽어야만 했던 것이다.

　괴물과 악 역시 세상의 질서에 필연적인 존재라는 인식
은 추후 독일 작가 괴테의 대표작《파우스트》에서도 드러

난다. '철학과 법학, 의학, 그리고 불행히도 종교학까지 전
공했다'는 파우스트 박사(다행히 뇌과학은 전공하지 않았던 것
같다). 그를 악의 길로 유혹하려던 악마 메피스토텔레스는
결국 자신의 계획마저도 태초부터 정해진 신의 질서 안에
이미 포함되어 있었다는 사실을 알고 좌절한다.

불행하고 정의롭지 않은 우주에서 정의와 행복을 원하
는 인간. 선하지 않은 세상을 설명하기 위해 우리는 괴물을
상상해냈고, 영웅과 괴물의 싸움은 선과 악의 존재적 투쟁
이 되어버렸다. 괴물의 죽음은 세상이 언젠가 다시 정의로
워질 수 있다는 신의 약속을 상징하기에, 우리는 오늘 저녁
또다시 방송과 인터넷에서 좀비와 싸우고 연쇄살인마를
찾아다닐 것이다.

외모

나는 왜 이렇게 생긴 걸까?

아침마다 거울을 바라보며 고민하는 우리. 도대체 나는 왜 이렇게 생긴 걸까? 얼굴은 퉁퉁 부었고, 사자 머리에 입가엔 침 흘린 자국까지 있다. 밤새 무슨 일이 있었던 걸까? 거울 속에서 졸린 눈으로 나를 바라보는 저 평범한 중년 아저씨가 나 자신이라는 사실이 도저히 납득되지 않는다. 상상 속에서는 언제나 젊고, 아름답고, 특별한 우리. 하지만 현실의 나는 잔인할 정도로 추하고 늙었고 평범하다. '뭐, 그게 다 자연의 순리이지 않을까?'라며 포기하고 살던 우리에게 다행히도 좋은 소식이 하나 있다. 바로 뇌과학적으로 진짜 우리는 거울에 보이는 모습과는 완전히 다르게 생겼을 것이라는 사실이다.

　뇌는 세상을 직접 경험할 수 없다. 뇌에 발이 달려 바깥

세상에서 뛰어다니며 현실을 인식할 수는 없다는 말이다. 고대 그리스 철학자 플라톤은 인간을 평생 동굴 안에 갇혀 살아와 현실을 제대로 인지할 수 없는 무지한 존재로 비유한 바 있다. 비슷하게 인간의 뇌는 평생 두개골이라는 어두컴컴한 '감옥' 안에 갇혀 사는 '죄인'이기에 눈, 코, 귀를 통해 들어오는 정보를 기반으로 세상을 간접적으로 이해할 수밖에 없다. 그런데 여기서 문제가 생긴다. 뇌가 알고 있는 세상과 진짜 세상과는 큰 차이가 있기 때문이다.

다른 포유류와 같이 우리 뇌 속에는 몸을 표현하는 '작은 인간'이라는 뜻의 '호문쿨루스'가 하나 존재한다. 뇌 특정 영역에 있는 신경세포들이 신체 특정 부분 자극에만 반응하기에, 이런 신경세포들의 반응 영역들을 합쳐 구현한 '신체 지도'다. 두 개의 눈, 팔과 다리. 얼핏 보면 사람과 비슷한 모습이지만, 호문쿨루스에겐 특이한 점이 있다. 지나칠 정도로 큰 손과 얼굴과 입술, 반대로 상대적으로 너무 작은 발과 다리. 그렇다. 뇌 안의 신체 지도는 현실에서의 몸을 있는 그대로 표현한 것이 아니다. 생존과 기능에 중요한 부분은 확장된 반면, 나머지 영역들은 축소된 상태로 그려져 있다. 뇌가 알고 있는 우리 스스로의 모습인 호문쿨루스는 진짜 생김새 그 자체가 아닌, 생존에 중요성을 표현한 기능성 지도인 것이다.

호문쿨루스는 빙산의 일각일 뿐이다. 뇌에 정보를 전달하는 눈, 코, 귀 역시 현실을 왜곡하기 때문이다. 먼저 색깔을 생각해보자. '색깔'이란 물질적으로 존재하지 않는다. 자연에는 전자파 스펙트럼만 존재할 뿐이다. 실질적으로 망막 속에서 빛에 반응을 보이는 세포들이 감지할 수 있는 전자파 영역은 400~700나노미터의 가시광선으로 매우 한

호문쿨루스 모형

정적이며, 파장이 짧을수록 우리는 '보라' 또는 '파란' 색이
라 부르고, 긴 파장의 가시광선은 '빨간' 색으로 인지된다.
인간 눈으로는 감지 불가능한 적외선, 자외선, 엑스선, 감
마선등은 특정 장비를 통해 숫자나 색깔로 번역해야 한다.
색채만이 아니다. '단단함', '딱딱함' 같은 촉감 역시 피부에
있는 촉감 센서의 해상도와 감지영역을 통해 인지되고, 특
정 주파수를 가진 공기 파동만 달팽이관 안에 있는 신경세
포들을 통해 전기신호로 번역된다.

색깔, 형태, 소리 모두 인간의 뇌를 통해 해석되거나 만
들어진다면, 질문해볼 수 있겠다. 인간이 아닌 다른 동물들
은 세상을 다르게 인식할까? 당연하겠다. 그렇다면 인간이
없는 세상은 과연 어떤 모습일까? 아무도 보지 않는 색깔
은 무슨 '색'이고, 아무도 듣지 않는 음악은 과연 어떤 '소
리'일까? 인간을 통해 인지되지 않은 세상을 상상하는 것
은 어쩌면 우리 인간에게 원칙적으로 불가능할 수도 있다.
어차피 모든 상상은 '인간'이라는 존재를 전제로 시작될 테
니 말이다. 독일 철학자 이마누엘 칸트는 현실을 인간의 인
식 과정과 독립된 진짜 세상 '아프리오리a priori'와 인간의 감
각과 이성을 통해 해석된 '아포스테리오리a posteriori'로 구별

한 바 있다. 모든 철학과 과학은 어쩌면 진짜 세상이 아닌, '인간'이라는 존재를 통해 필터링된 '가상현실'만을 연구해왔는지도 모른다는 말이다. 그렇다면 다른 질문 역시 해볼 수 있겠다. 만약 인간을 통해 인식되지 않은 세상을 상상하는 것이 본질적으로 불가능하다면, 적어도 인식된 세상과 진짜 세상과의 상호 또는 인과관계는 이해할 수 있지 않을까? 아포스테리오리 세상과 아프리오리 세상의 관계는 무엇일까?

한번 예를 들어보자. 아프리오리 세상에 $(1, 2, 3)$으로 나열 가능한 현상들이 있다고 가설해보자. 물론 인간의 눈, 코, 귀, 뇌를 통해 현실이 왜곡되기에, 우리에겐 $(1, 2, 3)$이 아닌 (A, B, C)로 인지된다고 상상해보자. 그렇다면 개는 동일한 현상을 (ㄱ, ㄴ, ㄷ)으로 감지하고, 박쥐의 아포스테리오리 세상에선 $(1, 2, 3)$이 (α, β, γ)로 느껴질 수 있겠다. 아포스테리오리에서의 (A, B, C), (ㄱ, ㄴ, ㄷ), (α, β, γ) 모두 다른 모습이지만 결국 $(1, 2, 3)$이라는 동일한 아프리오리 현상을 표현한다면 아프리오리와 아포스테리오리 세상 사이의 인과관계를 분석해볼 수 있지 않을까?

캘리포니아 주립대학교 도널드 호프만 교수는 우리가

경험할 수 있는 세상과 진짜 현실 사이에는 생각보다 훨씬 적은 인과관계만 존재할 수 있다고 주장한다. 만약 아프리오리에서의 (1, 2, 3)이 단순히 (A, B, C)라는 왜곡된 형태로 표현되는 것이 아니라면? 아포스테리오리에서의 (A, B, C)는 (1, 2, 3)이 진화 과정에서 인류에게 미쳤던 영향이 통계화된 '진화적 성적표'라면? 빨간색이 빨간 이유는 아프리오리에서의 무언가가 과거 인류에게 치명적 영향을 미쳤기에, '이것엔 주의해야 한다'라는 진화적 메시지가 우리에게 '빨강'이라는 색으로 인식된다는 것이다.

아름다운 연인의 미소, 귀여운 아이의 눈빛, 눈이 부시도록 아름다운 지중해 여름 바다. 현대 뇌과학은 이 모든 것들이 사실 존재하지 않으며 '뇌'라는 운영체제를 통해 현상화되었을 뿐이라고 설명한다. 마치 컴퓨터 화면에서 마우스로 움직일 수 있는 아이콘들과 반도체 안에서 벌어지는 프로세스 간엔 형태적 인과관계가 없듯, 지금 우리 눈에 보이는 세상은 진짜 현실의 진화적 임팩트를 시각적으로 인코딩한 사용자 인터페이스에 불과하다는 말이다.

하지만 보이고, 들리고, 만져지는 것만이 참이라고 너무나도 강하게 느껴지는 것이 인간의 존재적 조건, 콘디티

오 후마나conditio humana이지 않은가? 그래서일까? 우리에게 '나'는 언제나 타인의 눈에 보여지는 그 누군가이기에, 마치 '나'라는 존재의 실체를 온 세상에 알려주려는 듯, 우리는 타인이 직접 볼 수 있는 우리의 외모에 많은 시간과 자원을 투자한다. 신석기 시대 인류는 이미 아름다운 돌과 보석으로 자신을 치장했고, 아마존 원주민들 역시 얼굴과 몸에 색을 칠해 외모 관리를 한다. 추위로부터 자신을 보호하기 위해 입기 시작한 옷은 점차 부와 지위의 상징이 되었기에, 그런 멋진 옷을 만들 수 있는 재단사는 조반니 바티스타 모로니의 그림 〈재단사〉에서 보듯 자부심으로 가득했는지도 모른다.

그렇다면 옷과 외모의 미래는 과연 어떤 모습일까? 첨단 소재와 OLED 스크린으로 만들어진 옷을 입은 미래 인류는 걸어다니는 광고판 같은 모습일까? 아니면 화장과 패션 대신 기계 임플란트를 심은 사이보그적 외모를 선호할까? 어쩌면 증강현실이 보편화된 미래에는 서로가 상대방의 보고 싶은 모습만 골라서 볼 수 있지 않을까? 미래에는 외모가 더 이상 무의미해질 수 있다. 반복되는 범지구적 전염병 팬데믹 덕분에 옷은 이제 나를 세상에 표현해주는 도구

파울 퓌르스트, 〈로마의 닥터 슈나벨〉

가 아닌, 혼란스럽고 위험한 세상에서 나를 차단시켜주는,
생존을 위한 필수품이 될 수도 있겠다. 마치 전근대 유럽의
흑사병 시대에 의사들이 입었던 '닥터 슈나벨의 옷'처럼 말
이다.

교육

역사적 수능 준비하는 국가들

무덥고 습한 여름이 지나 오랜만에 쌀쌀함이 느껴지는, 더이상 덥지는 않지만 아직 많이 춥지도 않은 계절, 가을이 계절의 여왕이라 불리는 이유이겠다. 하지만 가을이 그다지 즐겁지만 않은 이들이 있다. 바로 수능 시험을 준비한 수많은 고등학생들이다. 이해와 해석이 아닌 단순히 암기 능력을 평가하는 듯한 대한민국 수능 문제들이 21세기 인재를 육성하는 데 얼마나 도움이 될지에 대해선 진지한 논의가 필요하겠다. 하지만 미국에는 SAT, 영국에는 A-level, 독일에는 아비투어, 프랑스에는 바칼로레아가 있듯, 전 세계 많은 고등학생들이 자신의 미래를 결정할 중요한 테스트와 도전을 위해 피눈물 나는 노력을 해야 한다는 사실만큼은 분명하다. 개인의 노력과 의지와는 상관없이 모두에게 동일한 고등교육 기회를 주는 것 역시 공평하지도, 정의롭지도 않을 테니 말이다.

그런데 도대체 왜 공부를 해야 하는 걸까? 인류는 언제부터 공부하기 시작한 것일까? 인공지능이 등장한 미래 세상에서도 여전히 공부는 해야 할까? 1,000억 개 신경세포들 간의 100조 개 연결고리, 시냅스로 구성된 뇌. 지난날의 아름다운 기억, 미래에 대한 막연한 두려움, '나'라는 내면적 존재 모두 시냅스 연결고리를 통해서만 가능하다고 현대 뇌과학은 주장한다. 그렇다면 그 많은 연결고리는 어떻게 만들어지는 걸까? 시냅스 수가 얼마 안 되는 하등동물들은 유전적 프로그램을 사용할 수 있다. 하지만 주어진 자극에 정해진 반응을 넘어, 과거를 기억하고 미래를 예측해야 하는 복잡한 인간의 뇌를 유전자만으로 만드는 것은 현실적으로 불가능하다. DNA에 입력하기에는 너무나 많은 정보량을 요구하기 때문이다. 자연, 아니 진화 과정에서는 다른 방법이 선택됐다. 인간을 포함한 대부분 고등 동물들은 태어나 특정 기간 동안 '결정적 시기'를 경험한다. 미완성 상태로 세상에 태어난 뇌가 주변 환경과 경험을 통해 완성되어가는 시기다. 고양이는 첫 4~8주, 원숭이는 첫

1년, 그리고 인간은 첫 10~12년 정도라고 알려진 결정적 시기 동안 뇌는 환경과 경험을 통해 하드웨어적으로 바뀌고 변할 수 있다. 덕분에 뇌는 앞으로 살아남아야 할 환경에 최적화된다. 거꾸로 말하면 우리의 뇌를 완성시킨 그 환경이야말로 우리에게 가장 편한 세상이기도 하다. 우리는 그런 세상을 '고향'이라고도 부른다.

진화의 핵심은 환경적 변화와 생명체의 적응 속도가 펼치는 영원한 경주다. 수천만, 수백만 년에 걸쳐 변화하는 환경에 적응하는 것은 유전자 차원에서 충분히 가능한 일이다. 여러 세대를 거치며 생존 확률을 높이는 유전자들이 자연스럽게 확장될 테니 말이다. 하지만 세상이 수십, 수백 년 만에 급격히 변해버린다면? 유전적 적응만으로는 부족하겠다. 그런 관점에서 결정적 시기를 유전적 진화의 확장으로 해석해볼 수 있겠다. 인간의 뇌는 결정적 시기를 통해 상대적으로 빠른 환경적 변화에도 적응할 수 있도록 만들어졌다. 그런데 불행히도 여전히 큰 문제가 하나 더 남아 있다. 인간이 스스로 세상을 바꾸어놓기 시작했기 때문이다. 그게 무슨 이야기일까? 화산이나 대홍수 같은 예외적 사건만 제외하면 대부분 인간은 언제나 같은 환경에서 태어나고 늙어가고 죽었을 것이다. 하지만 우리가 누구였던가? 말 그대로 '지혜로운 원숭이'인 인간은 그 누구보다도 많은 여유 시간을 확보해버렸다. 대부분의 동물들은 생존하는 데 거의 모든 시간을 투자해야 한다. 유전적으로 인간과 가장 비슷한 원숭이들마저도 하루 스물네 시간 중 적어도 다섯 시간 동안 음식을 씹어야 충분한 칼로리를 얻을 수 있다. 하지만 불과 요리를 발견한 인간은 한 시간 정도의 씹는 동작을 통해 그날 필요한 모든 에너지를 섭취할수 있다. 원숭이보다 매일 네 시간이나 더 많은 여유 시간을 얻은 인간. 우리는 그 시간에 세상을 바꾸어놓기 시작했다. 농사를 짓고 동물을 키우고, 도시를 세우고 증기기관과 핵무기와 인터넷을 발명한 사피엔스에게 환경이란 이제 대부분 만들어진 세상일 뿐이다. 그런데 가만, 인조적인 환경은 자연의 시계를 따를 필요가 없지 않겠는가? 강산이 자연적으로 변하는 데는 적어도 수백, 수천 년이 걸리겠지만, 새로운 도로와 집은 몇 개월이면 완성할 수 있고, 대한민국에서는 몇 주마다 새로운 치킨집과 카페가 오픈했다 사라지곤 한다.

결정적 시기만으로 인간이 변화시킨 환경에 적응하기

가 더 이상 불가능해진 역사적 변곡점을 우리는 '문명'이라 고도 부른다. 그리고 문명의 중심에는 글, 책, 교육이 자리 잡고 있다. 글, 책, 교육이 발명되기 전 인간은 인지적으로 '섬'이었다. 자신의 경험과 생각만으로 학습해야 했다. 언어와 이야기도 물론 중요했지만 말을 통한 교육은 한계가 분명했다. 직접 얼굴을 봐야 전달할 수 있으니 말이다. 하지만 글과 책은 다르다. 글과 책을 통해 이제 인류는 시간과 공간을 자유롭게 넘나들며 서로가 서로의 귓속에 새로운 이야기와 꿈과 생각을 속삭여주기 시작한 것이다.

물론 모든 지식과 경험이 글과 책을 통해서만 전달되는 건 아니다. 네덜란드 화가 렘브란트의 명작 〈튈프 박사의 해부학 수업〉에서 튈프 박사는 책과 칠판이 아닌, 한 사형수의 시체를 해부하면서 인간의 신체를 설명한다. 현실을 통해 현실을 가르치고 있는 것이다. 그렇다면 미래 교육은 어떤 모습일까? 강의는 선생님이 아닌 인공지능이 담당할까? 책과 칠판 대신 가상현실과 증강현실이 쓰일까? 아니면 1900년 한 프랑스 잡지에 실린 그림처럼 미래 교실에서는 학생들의 뇌에 지식을 기계적으로 입력할 수 있을까? 아니, 어쩌면 우리가 가장 걱정해야 할 미래 교육은 학교에

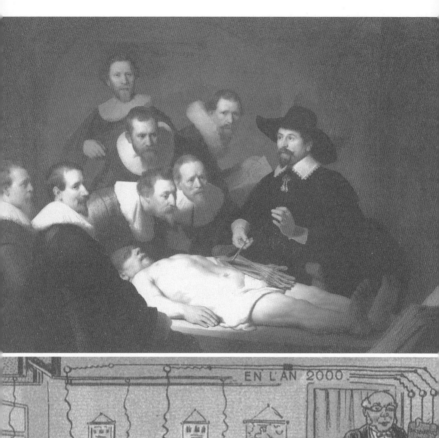

서의 개인 교육이 아닐 수도 있다. 빠르게 발전하는 기술에 비해 너무나도 느린 정치적 합의, 개인의 능력과 혁신은 강조하면서도 동시에 늘어만 가는 불평등을 걱정해야 하는 우리. 영원한 친구도, 영원한 적도 없이 모두가 모두를 견제하며 동시에 협업해야 하는 초복잡계 세상. 우리가 진정으로 걱정해야 할 미래 교육은 상상을 초월하는 속도로 변해가는 미래 세상에서도 지속 가능한 국가를 위한 시스템 교육과 국가 운영체제 업그레이드일 지도 모른다.

그렇다면 이런 질문 역시 해볼 수 있겠다. 자신의 미래를 위해 학생들이 열심히 준비하는 수능 시험처럼, 혹시 국가를 위한 수능도 존재하지 않을까? 앞으로 다가올 국가적 위기와 도전을 대비해 오늘부터 이미 준비하고 대응해야 하는 그런 '역사적 수능' 같은 것 말이다. 전쟁, 경제위기, 혁명 등은 평범한 국가라면 날마다 경험하는 일들은 아니지만, 평범한 국가에서도 언제라도 일어날 수 있는 이런 미래 위기와 갈등은 지금부터 대비해야겠다. 스웨덴이 러시아와의 전쟁을 준비하고, 독일이 경제위기를 대비해 재정적자를 줄이고, 프랑스가 인공지능 시대에 맞지 않는 기업규제들을 과감하게 없애고 있는 것처럼 말이다.

모두가 힘들게 공부하고 있을 때 아무 걱정 없이 게임과 놀이에 빠져 있는 고등학생을 본다면, 이렇게 생각할 수도 있겠다. '혹시 본인만 알고 있는 비밀 능력이라도 있는 걸까?' 물론 현실에 기적 같은 것은 없다. 이미 자신의 미래를 포기했거나 아니면 반드시 오고야 마는 미래의 시험을, 지금 이 순간의 즐거움을 위해 무시하고 있을 뿐이다. 이제 우리 모두 솔직하게 질문해봐야겠다. 과연 대한민국의 역사적 수능 점수는 몇 점이나 나올까?

Part

3

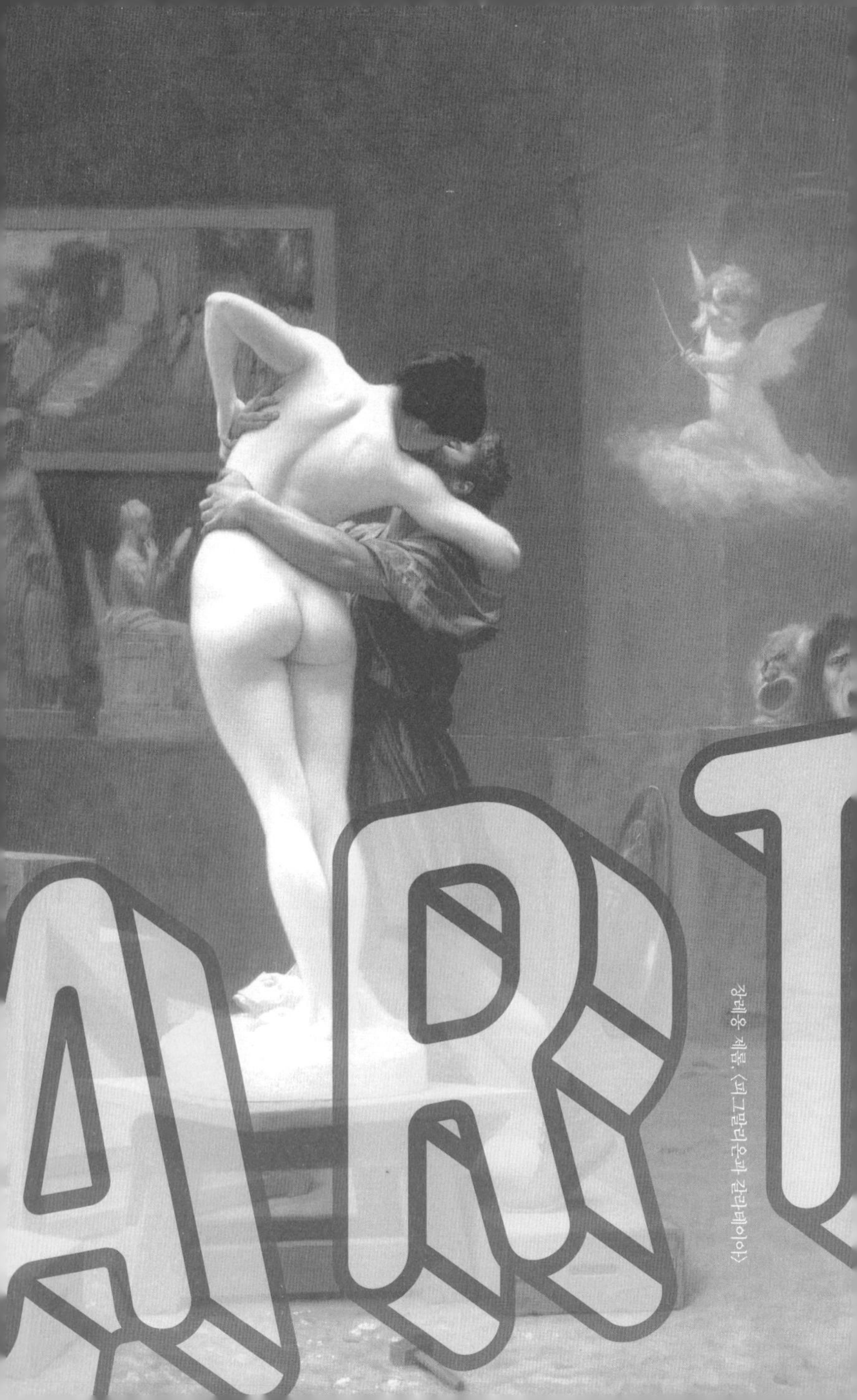

장레옹 제롬. 〈피그말리온과 갈라테이아〉

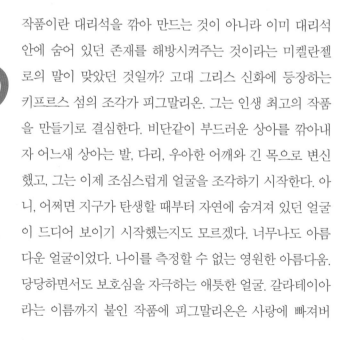

예술

더 많은! 더 과감한!

작품이란 대리석을 깎아 만드는 것이 아니라 이미 대리석 안에 숨어 있던 존재를 해방시켜주는 것이라는 미켈란젤로의 말이 맞았던 것일까? 고대 그리스 신화에 등장하는 키프로스 섬의 조각가 피그말리온. 그는 인생 최고의 작품을 만들기로 결심한다. 비단같이 부드러운 상아를 깎아내자 어느새 상아는 발, 다리, 우아한 어깨와 긴 목으로 변신했고, 그는 이제 조심스럽게 얼굴을 조각하기 시작한다. 아니, 어쩌면 지구가 탄생할 때부터 자연에 숨겨져 있던 얼굴이 드디어 보이기 시작했는지도 모르겠다. 너무나도 아름다운 얼굴이었다. 나이를 측정할 수 없는 영원한 아름다움. 당당하면서도 보호심을 자극하는 애틋한 얼굴. 갈라테이아라는 이름까지 붙인 작품에 피그말리온은 사랑에 빠져버린다.

자신이 만든 작품과 사랑에 빠져버린다는 피그말리온의 신화를 읽으며 나는 궁금해진다. 예술이란 도대체 무엇일까? 왜 인간은 작품을 만드는 걸까? 수십만 년 전 첫 도구를 만들기 시작한 인류. 그런데 여기서 신기한 일이 하나 벌어진다. 목적과 기능이 확실한 도구와 무기를 만든 인류는 얼마 후 그것들을 장식하고 치장하기 시작했다. 하지만 도끼에 무늬를 새긴다고 더 단단해지는 것도, 패턴을 그려넣는다고 칼이 더 날카로워지는 것도 아니다. 그렇다면 인류는 왜 이렇게도 쓸모없는 일에 시간과 노력을 투자했던 걸까? 게다가 그건 시작에 불과했다. 2019년 인도네시아에서 발견된 4만 4천 년 전 벽화에는 동물 모양의 탈을 쓴 인간이 그려져 있었고, 1939년 독일에서 발견된 약 4만 년 전의 조각은 사자와 인간의 하이브리드 모습을 하고 있다. 내일 사냥할 동물들과 미리 소통하기 위해 동물의 탈을 썼던 걸까? 아니면 탈을 쓴 자신의 모습이 동물들에게도 비슷하게 보일 거라고 상상한 걸까? 예술의 기원은 언제나 이렇게 상상력과 공감을 기반으로 했을 것이다.

쇼베, 라스코, 알타미라 동굴에 그려진 벽화들은 수만 년

홀렌슈타인 – 슈타델동굴에서 발견된 사자인간상

전 고대 인류의 희망과 두려움을 보여주고, 12,000년 전 세워진 괴베클리 테페 기둥엔 환상적인 동물들이 새겨져 있다. 메소포타미아와 이집트 예술가들이 만들어낸 작품들은 우리를 여전히 놀라움에 빠트리고, 고대 그리스인들은 인간의 몸을 그 누구보다 더 현실적이고 생생하게 표현하는데 성공한다.

눈에 보이는 현실은 완벽한 이데아 세상의 왜곡된 그림자일 뿐이라고 주장했던 철학자 플라톤. 기독교와 이슬람 미학의 기반이 되어버린 이데아 철학에 따르면, 예술은 이미 왜곡된 현실을 다시 한번 왜곡하는 무지의 행위에 불과하다. 완벽한 신의 모습을 미련한 인간의 손으로 그리는 순간 신의 정체를 왜곡하고 타락시키는 것이 아닐까? 서로마제국 멸망 이후 예술은 더 이상 인간이 아닌 신을 으뜸으로 삼았고, 비잔틴제국은 '이코노클라즘'이라 불리는, 신의 얼굴을 그려도 되는지에 대한 미학적 논쟁으로 시작된 피비린내 나는 내전을 겪기도 한다.

하지만 아무리 불태우고 고문하고 목을 베어도 소용이 없었다. 신의 모습은 계속해서 몰래 그려졌고, 얼굴을 그릴 수 없으면 신을 상징하는 화려한 패턴으로 대체했다. 프랑크푸르트 학파 철학자 테오도어 아도르노는 주장하지 않았던가? 유대인 대학살을 경험한 인류는 더 이상 아름다움을 찬양하는 시를 쓰거나 예술 작품을 창작해서는 안 된다고. 물론 아도르노의 기대는 틀렸고, 인간은 예술적 행위를 멈추지 않았다. 사진과 영화가 발명되어 깊은 정체성 혼란에 빠졌던 예술은 19세기 말부터 단순히 눈에 보이는 자연을 복제하는 행위를 넘는 인상주의, 상징주의, 야수파, 표현주의, 미래파 같은 새로운 형태로 진화하기 시작한다. 하지만 모더니즘 탄생에 결정적 역할을 한 마르셀 뒤샹은 지금까지의 모든 예술은 '망막적' 행위에 불과하다고, 현실을 각자 조금씩 다른 방법으로 보여줬을 뿐이라고 지적한다. 미래 예술은 더 이상 망막이 아닌 인간의 인지와 생각을 기반으로 해야 한다는, 지극히도 플라톤적인 지적이었다. 그리고 뒤샹은 질문한다. 예술이란 도대체 무엇이고, 예술가는 어떤 일을 하는 사람인가.

　4만 년 전 사자인간으로 시작해 뒤샹의 〈분수〉에 도착한 호모 사피엔스. 도대체 인간이 예술을 하는 진짜 이유는 무엇인가? 돈과 명예 같은 현실적인 이유를 묻는 게 아니다. 세상의 수많은 요리와 음식 모두가 결국은 인간에게 에너지를 공급해주는 공통 기능을 가진 것 같이, 예술 역시 공통적인 생물학적 기능을 기반으로 하는지를 질문하는 것이다.

뇌과학자이자 소설가인 터프츠 대학교 에릭 호엘 교수는 최근 예술과 꿈은 비슷한 생물학적 기능을 가지고 있다는 가설을 제안했다. 예술을 시작하기 전 인간은 꿈을 꾸었다. 인간만이 아니다. 뇌를 가진 대부분 생명체는 꿈을 꾼다고 가정해볼 수 있다. 그렇다면 꿈은 왜 꾸는 걸까? 프로이드는 꿈을 통해 억눌린 성적 욕구가 표현된다고 생각했지만, 오늘날 대부분의 뇌과학자들은 동의하지 않는 이론이다. 그렇다면 꿈의 진정한 생물학적 기능은 무엇일까?

호엘 교수는 최근 급격하게 발전하고 있는 기계학습/딥러닝 기술을 통해 꿈과 예술의 생물학적 기능에 대한 중요한 힌트를 얻을 수 있다고 제안한다. 딥러닝 기술은 학습 데이터를 필요로 한다. 그런데 여기서 문제가 하나 생긴다. 학습 데이터 확률 분포의 폭이 너무 좁으면, 특정 데이터에 대한 편파적 성향이 만들어질 수 있다. 이 문제를 해결하기 위해 인공지능 분야에서는 '임의적 영역 추출domain randomization'이라는 방법을 사용한다. 현실에서 얻은 데이터를 임의적으로 재샘플하고 왜곡하면 직접 경험 가능한 데이터 범위를 넘어 학습과 경험의 폭이 넓어질 수 있다는 말이다.

그렇다면 꿈 역시 비슷한 '임의적 영역 추출' 역할을 하는 게 아닐까? 꿈은 현실의 복사판이 아니다. 그렇다고 현실과 완전히 무관하지도 않다. 꿈은 언제나 수많은 해석과 의미가 가능한 현실의 확장이자 왜곡된 버전이다. 우리가 직접 경험할 수 있는 현실의 폭은 언제나 제한적이기에, 꿈이라는 재샘플링 방식을 통해 뇌는 자신의 학습 능력을 대폭 향상시켰는지도 모르겠다. 더구나 인간은 지구 생명체 중 유일하게 문명을 만들었다. 더 이상 모든 경험이 자연적이지 않기에, 인간은 자연적 현실을 반영한 꿈을 넘어 예술적 행위를 시작했는지도 모른다. 망막에 비치는 오리지널 현실을 넘는 수많은 현실의 왜곡과 변형을 통해 뇌 신경망들을 더 효율적으로 학습시키는 '임의적 영역 추출'이 바로 예술의 생물학적 역할이라는 것이다.

호엘 교수의 가설이 맞다면, 예술은 결국 외향적 꿈이고 꿈은 내향적 예술이라고 주장해볼 수도 있겠다. 그렇다면 예술의 미래는 어떨까? 인공지능과 다중우주, 지구가 아닌 다른 행성으로 이주를 준비하는 역사상 첫 인류, 눈에 보이는 현실에서의 학습 데이터만으로는 절대 준비할 수 없는 미래, 미련한 우리 21세기인들은 상상조차 할 수 없는 유토피아적 행복, 또는 상상을 초월하는 미래 인류의 비참한 불행과 호모 사피엔스라는 종의 전멸. 아도르노는 예술의 종말을 요구했지만, 우리는 지금 반대로 더 많고, 더 과감한 예술이 필요하다. 모두에게 인정받고 높은 가격을 받는 그런 지루한 예술이 아닌, 끝없는 논란과 충격을 통해 인류가 꿀 수 있는 꿈의 깊이와 폭을 넓혀주는 예술이 그 어느 때보다 절실한 시대이다.

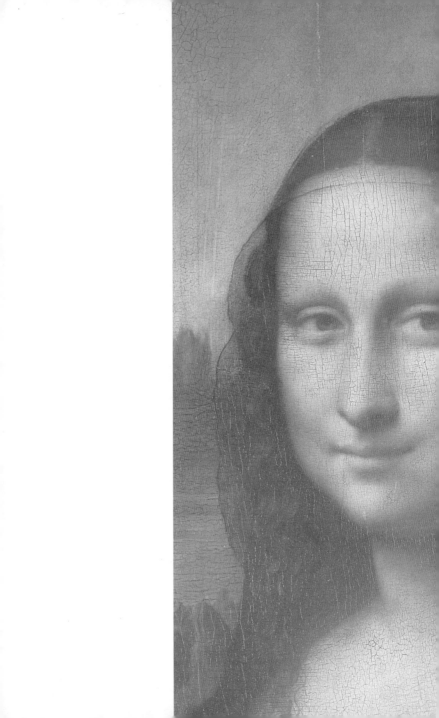

레오나르도 다빈치, 〈모나리자〉

오리지널

아우라

집을 나서는 순간 문 앞에 그림 한 장을 발견했다고 상상해보자. 왠지 궁금해 자세히 바라보니 다빈치의 〈모나리자〉다. 그런데 잠깐, 우연히 집 앞에서 발견된 모나리자가 이 세상 단 하나뿐인 오리지널일 리 없지 않은가? 지금 이 순간에도 루브르 박물관에 걸려 있을 원작의 복제본일 뿐이라는 걸 알면서도 정말 진짜같이 보인다. 모든 것이 오리지널과 동일한 이 그림이 오리지널이 아닌 이유는, 집 앞에서 발견된 이 그림이 루브르에 있는 〈모나리자〉일 확률이 거의 제로에 가깝기 때문일까? 그렇다면 오리지널과 복제본, 진짜와 가짜의 차이는 결국 확률적인 차이인 걸까?

1920년, 발터 벤야민은 독일의 인문학 스타였다. 당시 최첨단 미디어였던 라디오 방송을 통해 철학적 사유를 논의

했으니 말이다. 대량생산 프로세스를 통해 식별 불가능한 복제품들이 만들어지는 세상을 경험한 벤야민은 질문한다. 만약 비슷한 방법으로 예술작품 역시 복제될 수 있다면, 완벽하게 똑같은 모나리자를 백만 번 찍어낼 수 있다면 오리지널이 여전히 특별하고 가치 있어야 할 이유는 과연 무엇일까?

시간과 공간은 완벽히 반복될 수 없다. 작품이 창조된 시간과 공간에서만 느낄 수 있었던 원작의 의미는 완벽하게 재현될 수 없다는 말이다. 더 이상 반복될 수도, 복제될 수 없는 작품의 시공간적 존재성이 바로 오리지널의 '아우라'를 정의한다고 벤야민은 주장한다. 그렇다면 살짝 걱정되기 시작한다. 시대와 세상은 언제나 변한다. 어제까지 생생하게 기억나던 일들이 얼마 지나면 잊히고, 오늘 우리에게 대단히 의미 있는 사건들도 불과 몇 년 뒤면 별 게 아니게 된다. 그렇다면 예술작품 역시 만들어진 시대와 공간에서 멀어질수록 작품의 아우라는 점차 사그라질 수밖에 없지 않을까? 르네상스 시대의 이탈리아를 기억하는 자가 아무도 없을 몇백만 년 후, 작품의 아우라가 사라진 먼 미래엔 오리지널이라는 단어 역시 무의미해질 수 있겠다.

 독일의 문헌학자 에리히 아우어바흐의 대표작 《미메시스》의 본래 제목은 '미메시스: 서양문학에서의 현실 표상'이다. 서양문학의 핵심은 '어떻게 현실을 표현할 수 있는가'라는 질문에서 시작된다. 현실은 완벽한 이데아 세상의 왜곡된 복제품일 뿐이라고 주장한 플라톤. 인생 대부분에서 우리가 그 어떤 아우라도 느끼지 못하는 것은 삶 그 자체가 짝퉁이기 때문인지도 모르겠다. 이미 복제된 것을 다시 한번 복제해 '미메시스'를 만들어내기에, 플라톤에게 예술은 증오의 대상이었다. 하지만 아무리 진실과 참, 이데아를 직접 경험할 수 없는 것이 인간의 운명이라 해도 더 완벽한 미메시스를 통해 이데아 세상으로 접근해볼 수는 있지 않을까?

 아우어바흐는 서로 역설적인 두 가지 미메시스 모델을 제안한다. 우선 호메로스의 《오디세우스》에 나오는 '오디세우스의 흉터'다. 20년 만에 고향 이타카로 돌아온 오디세우스. 보모 에우리클레이아는 허벅지에 남아 있는 흉터로 오디세우스를 알아본다. 호메로스는 여기서 우리를 작품에서의 이타카가 아닌 오디세우스의 과거 시공간으로 안내한다. 기억된 사건으로서가 아니라, 수십 년 전 날카로운 멧돼지 엄니에 허벅지를 찔리는 오디세우스를 우리는 호메로스의 시를 통해 다시 한번 볼 수 있는 것이다. 마치 제임스 조이스의 《젊은 예술가의 초상》에서 주인공 스티븐 디덜러스가 생각에 빠져 해변을 걷다가 어느 한순간 더 이상 다이달로스를 생각하는 스티븐 디덜러스가 아닌, 해변을 걸으며 깊은 사유에 빠진 다이달로스 본인이 되어가듯 말이다. 2,700년 전 호메로스는 상상력이 불필요한 섬세한 설명과 디테일을 통해 오디세우스와 에우리클레이아의 기억 속 복제로만 남아 있던 과거 사건의 아우라를 우리에게 전달하려고 노력한다. 상상은 언제나 망각의 일부이기에, 독자의 상상력은 오리지널의 아우라를 왜곡할 수 있기 때문이다.

아우라를 볼 수 있는 또 다른 방법을 아우어바흐는 유대인들의 경전 《타나크》 창세기 '아케다 이사악 Aqedat Yitzhaq'(이사악의 결박) 이야기에서 발견한다. 야훼의 명령에 따라 아들 이사악을 제물로 바치기 위해 모리아산으로 향하는 아브라함. 하지만 우리는 모리아산이 어디에 있는지, 언제 어떻게 어떤 방법으로 아브라함과 이사악이 산으로 향했는지 아무것도 알지 못한다. 그런데 신기한 일이 벌어진다.

모르면 모를수록, 자세한 설명이 없으면 없을수록 우리는 상상한다. 당나귀를 탄 아브라함과 이사악, 고된 노동으로 물집 잡힌 아브라함의 손, 이미 모든 걸 이해하고 있는 듯한 어린 이사악의 얼굴. 그 어떤 설명으로도 야훼와 아브라함과 이사악의 수천 년 전 그날의 아우라는 전달될 수 없기에, 역설적으로 가장 적은 설명이 가장 진실에 근접할 수 있다고 아우어바흐는 말한다.

오리지널과 가짜의 관계. 연극이나 영화에서 다른 사람을 연기해야 하는 배우들에게는 아주 익숙한, 그렇지만 매번 새롭게 해결해야 하는 문제다. 셰익스피어의 햄릿을 연기하는 배우는 햄릿이 아니다. 극장 바깥에서는 샌들을 신고 아이스크림을 먹는 평범한 21세기 청년이지만, 무대에 오르는 순간 그는 중세기 덴마크 왕자 햄릿이 되어야 한다. 배우는 가짜와 오리지널의 경계를 넘나드는 직업인 것이다. 모스크바 예술극장 창립자로 유명한 연출가 콘스탄틴 스타니슬랍스키는 무대 위에서 배우는 더 이상 배우가 아닌 극중 인물이 되어야 한다고 말했다. 하지만 어떻게 가짜인 배우가 오리지널 인물이 될 수 있을까? 많은 할리우드 배우들을 가르친 리 스트라스버그는 '메소드' 연기를 제안한다. 단순히 타인의 행동을 모방하는 것이 아닌, 자신의 기억에 남은 감정이 극중 인물의 캐릭터에 녹아 들어가야만 진정성 있는 연기가 가능하다는 것이다. 하지만 햄릿이 아닌 나의 기억이 어떻게 햄릿의 감정을 재현할 수 있을까? 나는 언제나 '만약 내가 햄릿이라면'이라고 추측하는 나일 뿐이지 않은가.

반대로 러시아 국민배우이자 연출가였던 프세볼로트 메이예르홀트는 '생체역학' 방법을 제안한다. 생각은 행동으로 표현되고, 행동은 생각과 감정의 신호일 테니, 인물의 행동을 정확히 모방하고 내재화한다면, 배우 내면에 인물과 동일한 감정과 생각이 만들어질 수 있다는 믿음이다. 햄릿의 손, 햄릿의 걸음, 햄릿의 눈동자를 완벽하게 내재화해야만 배우는 드디어 햄릿이 될 수 있다는 말이다. 하지만 이 모든 행동은 결국 시뮬레이션에 불과하지 않을까? 볼셰비키 혁명을 지지하던 메이예르홀트는 스탈린 대숙청 때 체포되어 고문 끝에 결국 총살당한다. 소련 해체 후 발견된 편지에서 메이예르홀트는 한탄한다. 그들은 예순다섯 노인인 자신을 바닥에 엎드려놓고 채찍으로 발과 등을 때렸고, 앉혀놓고 발을 짓밟았다고. 다리의 상처는 곪아터졌고 곪

보리스 그리고리예프 〈표레볼로르 메이에흐홀트의 초상〉

아터진 부분을 다시 채찍으로, 주먹으로 때렸기에 자신은 개처럼 바닥에 꿈틀거리며 모든 죄를 자백하고 부르는 대로 서명했다고.

우리는 절대 메이예르홀트의 고통과 외로움을 느끼지 못할 것이다. 아무리 바닥에 드러누워 꿈틀거리며 신음소리를 내봐야, 80년 전 구소련의 지하감옥에서 메이예르홀트가 비밀경찰 NKVD에게 당한 '아우라'를 오늘 우리가 어떻게 재현하고 공감할 수 있겠는가?

디지털 복제 기술, 가상현실, 증강현실, 유전자 복제…. 벤야민은 상상도 할 수 없었던 최첨단 복제 기술들이 등장한 오늘날, 우리는 다시 한번 질문해야겠다. 과연 오리지널과 복제, 진짜와 가짜의 진정한 차이는 무엇인지 말이다.

내부와 외부

확장된 표현형

15~16세기 초에 활동한 네덜란드 화가 히에로니무스 보스
가 20세기에 태어났다면 그와 비슷한 그림을 그렸을까? 평
범한 독일 가정에서 태어난 화가 지망생 오토 딕스는 1차
세계대전이 터지자 군대에 자원한다. 당연한 일이었다. 조
국 독일이 프랑스와 전쟁을 하게 됐으니 애국심으로 가득
한 젊은이로서 당연히 해야 할 일이라고 생각했을 것이다.
더구나 다들 말하지 않았던가? 어차피 전쟁은 몇주 후면
끝날 거라고. 겁쟁이 프랑스군은 바로 항복할 테니 전쟁터
에서의 영광을 조금이라도 누리려면 서둘러 지원해야 한
다고.

　하지만 현실에서 일어난 전쟁은 그들의 기대와는 달랐
다. 참호에 숨어 기관총을 갈겨대던 딕스가 눈으로 보고 귀

로 듣고 피부로 느껴야 했던 전쟁은 마치 히에로니무스 보스 그림에서의 지옥이었다. 어제 도착한 수천 명의 젊은이들이 오늘 하루를 살아남지 못했다. 안전한 먼 사령부에 숨어 무조건 돌격하라는 지휘관들의 명령은 조금 전까지 미래에 대한 꿈과 희망으로 가득하던 누군가의 죽음을 의미했다. 그것도 아무 의미 없는, 거리의 개만도 못한 죽음 말이다. 의미 있는 죽음이란 과연 존재할까? 하지만 적어도 1차 세계대전에서 대부분의 죽음은 의미 있지도 영광스럽지도 않았다. 피와 오줌과 내장으로 범벅이 된 진흙탕 위로 엄마를 찾으며 쓰러져가는 젊은이들. 그들은 무엇을 위해 살았고, 누구를 위해 죽어갔던 걸까?

살아남은 오토 딕스는 고향으로 돌아와 꿈꾸던 화가가 되었지만, 그의 붓은 여전히 1차 세계대전을 떠나지 못한다. 팔다리가 잘리고 맹인이 된 젊은이들, 거리에서 구걸을 해야 하는 퇴역 군인의 가족들. 그리고 그들을 지옥으로 몰았던 왕과 귀족과 장군들. 마치 기억에 남은 전쟁의 망상들을 칼로 도려내듯 오토 딕스의 그림은 불편할 정도로 적나라하고 잔인하다. 그러던 그가 어느 날 한 유명 기자의 초상화를 그리겠단다. 기자는 주춤한다. 본인은 아름답지도,

오토 딕스, 〈실비아 폰 하든의 초상〉

예쁘지도 않다고. 코는 길고 입술은 얇다고. 거기에다 긴 손에 어울리지 않게 다리는 너무나 짧다고. 사람을 두렵게 하고, 아무도 유쾌하게 하지 못하는 자신의 외모를 왜 그리고 싶으냐고.

세상에서 가장 아름다운 얼굴, 가장 매력적인 코와 입술, 가장 늘씬한 다리. 오토 딕스는 알고 있었던 것이다. 살과 뼈를 관통하는 총알 하나, 인간을 마치 종잇조각같이 갈기갈기 찢어버리는 대포 한 방이면 그 모든 것들이 무의미해진다는 사실을. 단지 살덩어리에 불과한 외면적 아름다움보다 기자의 생각과 내면의 세상이 얼마나 더 아름다운지를 말이다.

모든 인간은 본질적으로 다른 두 가지 삶을 동시에 살아야 한다. 타인이 보고 평가할 수 있는 외면적 삶과 오로지 '나'라는 존재만 느낄 수 있는 내면적 삶. 그렇다면 궁금해진다. 왜 인간은 내면과 외면의 정체성을 가지고 있는 걸까? 수십억 년 전 지구는 오로지 외면적 물질들로만 구성된 세상이었다. 하지만 생명이 등장해 모든 것을 바꾸어놓는다. 생명이 무엇일까? 물리학자 에르빈 슈뢰딩거는 정보 복제와 다음 세대로의 정보 전달 능력을 생명의 핵심으로 보았다. 물론 맞는 말이다. 하지만 생명은 또 다른 조건을 전제로 한다. 바로 외부와 내부의 구분이다. 외부 세상으로부터 스스로를 분리할 수 있어야 세상과 독립된 새로운 존재가 성립할 수 있다. 라틴어로 켈라cella, 그러니까 '작은 방'이라는 의미를 가진 '세포cell'. 약 35억 년 전 세포의 등장과 함께 이제 세상은 모두가 함께 공존하는 '큰 방'과 나만의 세상, 나만의 '작은 방'으로 구별되기 시작한다.

　진화생물학자 리처드 도킨스는 호모 사피엔스 같은 고등 생명체가 가지고 있는 기능 대부분은 이기적 유전자들의 '확장된 표현형'이라고 주장한 바 있다. 그게 무슨 말일까? 진화 과정을 통해 생명체 내부 구조를 최적화한 이기적 유전자들. 하지만 모세포의 분열을 통해 다세포 생물로 진화하며 딜레마에 빠진다. 세상을 원하는 방향으로 유도하기 위해선 자신과 세상의 경계를 허물어야 하지만 동시에 세상에 다시 흡수되는 걸 막아야 한다. 더구나 단백질 합성, 호르몬, 전기신호 같은 내부 신호전달 방법들과는 달리 생명체 외부 세상과 이기적 유전자는 직접 소통할 수 없다. 확장된 표현형이 등장한 이유다. 동물과 식물 같은 초-다세포 생명체들은 외부 세상을 제어하기 위해 내면적 메시지를 외향적 표현으로 확장하기 시작한다. 예를 들어보자. 만약 목이 마른 내가 물이 있는 곳으로 갈 수 없다면? 필요한 물이 저절로 나에게 올 수는 없지만, 근처에 있는 누군가의 마음속에 나에게 물을 가져다주고 싶다는 생각을 심어볼 수는 있겠다. 불쌍한 표정을 지을 수도 있고, '같은 공동체 구성원들은 서로 도와주는 것이 당연하다'라는 도덕성을 만들어볼 수도 있겠고, 아니면 직접 "물 좀 가져다주세요"라는 부탁이나 명령을 할 수도 있겠다. 인간의 외모, 표현, 윤리, 언어 모두 내면의 의도를 외면의 세상에 전달하는 확장된 표현형들이라는 것이다. 그런데 여기서 흥미로운 현상이 하나 벌어진다. 확장된 표현형을 통해 이전까지 외부에 있던 현상과 존재들이 앞으로 나의 통제가 가능한, 확장된 새로운 '내면'의 한 부분이 될 수도 있기 때문이다. 이런 의미에서 세포의 내면은 몸 전체로 확장되고,

개인의 몸은 집과 공동체로 확장된다. 원시인들에게 동굴이란 마치 엄마의 자궁같이 따듯하고 안전한 내면적 공간이었고, 21세기 우리에게는 험악한 세상으로부터 보호해주는 든든한 '내 집'이 있다. '내 집 마련'이 모두의 꿈이며, '집도 부모도 없는 이들'을 가장 불쌍히 여기는 이유다.

내부와 외부, 나와 세상, 집 안과 밖은 서로 모순적인 욕구를 만족시킨다. 집 안은 안전하고 익숙하지만, 새로운 것이 없다. 새로운 사람과 체험은 더 큰 바깥세상에서만 경험할 수 있지만, 세상은 언제나 위험하고 예측 불가능하다. 밖에서는 집이 그립지만, 집에 갇히는 순간 언제나 답답함과 무기력에 빠지는 이유다.

그렇다면 내부와 외부의 미래는 어떤 모습일까? 과학과 기술의 발전으로 이제 내부와 외부의 경계는 허물어지기 시작했다. 집에서만 할 수 있었던 전화 통화와 음악 감상을 걸어다니며 할 수 있고, 더 이상 극장과 학교가 아닌 집에서 영화를 보고 공부도 할 수 있으니 말이다. 역사적으로 바깥세상에서 무언가 경험하려면 당연하게도 육체적으로 이동해야 했다. 지금까지 경험은 몸이라는 존재의 참석을 필수적으로 요구했으니 말이다. 하지만 사이버 세상에서의 인류는 몸과 분리된 경험을 하기 시작했다. 몸은 편한 집 침대에 누워 이 세상 어디든 경험하고, 지구 반대편에 있는 이들과 대화를 나눌 수 있다. 사이버 세상에서는 몸과 경험, 육체와 영혼이 분리되기에, 독일 유명 감독 에트가어 라이츠는 사이버 세상에서의 미래 인류를 이미 죽은 자와 비교하기도 한다. 대부분 문명에서 죽음이란 육체와 영혼의 분리를 의미하기에, 사이버 세상에서의 인간은 이미 죽음의 세상을 경험한다는 말이다.

 최대한 오래, 최대한 자신의 생존만을 보장하기 위해 점차 더 확장된 표현형으로 진화된 이기적 유전자들. 그들을 몸에 품고 있는 우리 인류는 고도로 발전된 기술 덕분에 역설적으로 다시 외부와 내부의 경계가 허물어진 죽음의 세상으로 되돌아가고 있는지도 모르겠다.

역사

세계정신과 의지를 넘어

지방도시 예나에서 첫 교수 자리를 얻은 독일 철학자 게오르크 빌헬름 프리드리히 헤겔. 아직 비정규직이기에 월급은 못 받지만, 학생들을 대상으로 유료 강의는 할 수 있었다. 대표작 《정신현상학》을 여전히 출간하지 못해 경제적으로 고생을 하던 그에게 1806년, 큰 시련이 하나 닥친다. 바로 프랑스 황제 나폴레옹 보나파르트가 예나를 향하고 있다는 것이었다. 대부분 학생들은 이미 피난갔기에, 더 이상 돈을 벌 방법이 없었다. 남편에게 버림받은 집주인 여인이 자신의 아이까지 임신한 상태였으니, 근심 걱정으로 가득했을 그는 시내로 향한다. 화려한 군복을 입은 군인들 사이에 백마를 탄 작은 사나이. 프랑스 혁명의 영웅, 그리고 동시에 혁명의 배신자. 왕정을 무너트린 공화정을 다시 무

1806년 예나에서 만난 나폴레옹과 헤겔,
잡지 〈Harper Magazine〉(1895) 수록

너트리고 스스로 황제가 된 나폴레옹. 인류의 발전과 만민
의 해방을 위해서였을까? 아니면 본인의 야망과 프랑스 민
족의 영광을 위해서였을까? 네덜란드에서 독일, 이탈리아,
스페인까지…. 황제와 프랑스군은 전 유럽을 정복하는 듯
했다.

　황제와 가난한 철학가의 만남. 헤겔은 추후 기억한다. 나
폴레옹은 마치 말 탄 '세계정신' 같았다고. 헤겔이 말한 세

계정신이란 도대체 무엇일까? 모든 생명체는 육체와 정신이 있다. 정신은 생각하고 육체는 실천한다. 하지만 오로지 인간의 정신만이 자신이 살고 있는 세상을 이해할 수 있다. 이해란 언제나 자유다. 물질적 세상으로부터 자유로워진 개개인의 정신은 오랜 역사를 통해 '세계정신'으로 성장하고, 가끔 한 명의 위대한 존재와 행동을 통해 실천된다. 바로 나폴레옹 같은 인물 말이다.

위대한 한 명을 통해 새로운 시대를 만들어낸다는 세계정신. 그렇다면 세계정신이 원하는 것은 무엇일까? 언제나 이성과 자유를 향한다고 헤겔은 주장한다. 잔인한 전쟁으로 점철된 인류 역사가 언제나 이성과 자유로 향한다는 건 무슨 말일까? 어린 시절의 꿈, 사랑하는 연인들의 희망, 아이의 행복을 위해 모든 걸 희생하는 부모…. 헤겔식 정신에게 이따위 개인적 목표는 중요하지 않다. 시련과 불행 모두 세계정신의 거대한 목표를 달성하기 위한 도구일 뿐이다. 전쟁과 학살을 통한 개인의 불행은 인류의 거대한 목적을 달성하기 위해 피할 수 없는 절차이기에, 개인에 대한 연민과 배려를 모르는 세계정신은 시체와 해골로 가득한 언덕을 건너야만 한다고 헤겔은 주장한다. 더구나 세계정신은

KTX같이 직선으로만 가지 않는다. 마치 두더지같이, 우리 눈에는 이해 불가능한 '역사적 땅굴'을 파며 여기저기 후비고 다니는 듯하지만, 세계정신은 필연적으로 역사적 목표와 사명을 달성할 것이라는 말이다. 참 오만하고 잔인한 철학이다. 볼 수도, 만질 수도, 증명할 수도 없는 추상적 존재의 목표달성을 위해 개인의 불행을 감수해야 한다는 것이다!

진실은 언제나 부분이 아닌 전체에만 있고 전체의 목표가 개인의 행복보다 더 중요하다는 헤겔 철학을 응용한 마르크스는 비물질적 정신 대신 현실에서의 물질적 계급투쟁을 역사의 엔진으로 지정한다. 계급투쟁을 통한 역사의 목표가 실천되는 순간 인류는 지난 수천 년 동안의 시련과 고통을 드디어 이해하게 될 것이다. "두더지 동지, 그동안 땅굴 파느라 고생 많았소" 하며 말이다.

헤겔 철학과 마르크스 사상은 모두 인간과 우주를 잘 길들여진 증기기관으로 오해한 전형적인 19세기식 난센스다. 자연과학적 필연과 확률적 우연의 결과물인 역사에 무슨 절대목표가 있겠는가? 특히 철학자 아르투어 쇼펜하우어에게 헤겔 철학은 천박하기 짝이 없었다. 세상은 이성적이지도, 자유롭지도 않다. 역사는 목표를 모르고, 삶은 의미가 없다. 우주에서의 모든 변화는 오로지 '의지와 표상' 덕분이라고 쇼펜하우어는 말한다. 번식하려는 의지, 살아남으려는 의지, 내가 살기 위해 남을 죽이려는 의지, 창조하려는 의지, 파괴하려는 의지. 의지는 잔인하고 이기적이다. 하지만 칸트는《순수이성비판》에서 말하지 않았던가? 인간은 세상의 '물자체'를 본질적으로 인식할 수 없다고. '의지'를 칸트의 물자체로 가설한 쇼펜하우어는 주장한다. 우리 눈에 보이고 만져지는 세상은 물자체인 의지의 왜곡된 표상일 뿐이라고. 시간과 공간, 물질, 자아로 구성된 현실은 환상이라고. 예수님보다 500년 전 태어난 가우타마의 말이 맞았다고. 쇼펜하우어가 유럽에서 처음으로 불교 사상을 철학적으로 소개하게 된 이유다.

쇼펜하우어 철학의 영향을 받은 화가 막스 베크만. 20세기 초 독일 미술계 최고 거장이던 그는 히틀러와 파시즘을 경험하며 이해한다. 파괴하려는 의지, 학살하려는 의지, 지배하려는 의지는 여전히 살아 있다고. 문명과 문화와 이성은 얄팍한 환상이었다고. 유대인이 아니면서도 스스로 고향 독일을 떠나 타향에서의 죽음을 선택한 막스 베크만의

막스 베크만, 〈출발〉

걸작 〈출발〉. 어쩌면 쇼펜하우어의 철학을 가장 잘 보여주는 작품인지도 모르겠다. 도대체 누가, 어디로 출발한다는 걸까? 우선 당시 나치 독일의 실체를 보여주는 듯한 좌우 그림의 잔인함을 등지고 망명을 택하는 본인의 미래를 보여주는 듯하다. 하지만 그게 정말 다일까? 베크만의 〈출발〉은 어쩌면 단순히 나치 독일을 넘어 '의지' 그 자체가 만들어놓은 현실로부터의 출발을 의미하는지도 모르겠다.

오른쪽 패널의 거꾸로 묶인 남자. 등 쪽에 칼자국 같은 큰 상처가 있는 그는 요란한 음악과 함께 무대 위에서 죽어간다. 세상은 유치한 연극이지만, 아무도 웃는 이가 없다. 왼쪽 패널은 더 잔인하다. 양손이 다 잘려 기둥에 묶인 이와 바닥에 버려진 여인. 그들을 향해 내리치는 도끼에서 물고기 한 마리가 쳐다본다. 베크만에게 물고기는 어쩌면 쇼펜하우어식 의지인지도 모르겠다. 욕구와 욕망으로 가득한 의지, 연민과 배려를 모르는 의지, 전체의 목표를 위해 개인의 행복을 짓밟는 의지. 그렇다면 희망은 없는 걸까? 의지의 잔인한 요구를 모두 거부하는 순간 우리는 새로운 세상으로 출발할 수 있다고 가운데 패널은 말하는 듯하다. 물고기를 풀어주는 순간 드디어 스스로의 삶에서 왕이 될 수 있듯 말이다.

수천억 개의 태양계가 있는 수천억 개의 은하계로 가득한 우주. 138억 년 전 빅뱅과 함께 탄생한 우주가 존재하는 이유는 과연 무엇일까? 헤겔과 마르크스의 주장대로 세상은 원칙적 목표를 가지고 탄생했기에 개개인은 목표 달성을 위한 하찮은 도구에 불과할까? 아니면 보고 만질 수 있는 세계, 천체망원경으로 관찰할 수 있는 우주는 영원히 이해 불가능한 물자체의 표상과 시뮬레이션이기에, 인간에게 주어진 유일한 희망은 삶과 우주에 대한 질문 그 자체에는 사실 아무런 의미도 없다는 사실을 인식하는 것일까?

하지만 인식 그 자체만으로는 부족할 수도 있다. 〈출발〉의 가운데 패널에서 아이를 안고 있는 여인은 프랑스혁명을 상징하는 프리기아 모자를 쓰고 있다. 로베스피에르의 공포 정치와 나폴레옹의 황제 계승을 보며 사람들은 말하지 않았던가. 혁명이 자신의 자식을 잡아먹는다고. 인류를 구원해주겠다던 혁명은 언제나 또다시 자신의 아이를 잡아먹고, 잔인한 과거의 의지를 풀어준 우리 옆에는 아직 얼굴을 알 수 없는 두려운 미래의 의지가 거대한 물고기를 들고 우리를 유혹하고 있다.

정신, 의지, 진화…. 우리를 폭력과 무지에 가두어두려는 유혹들은 영원하기에 출발 그 자체가 아닌, 실제로는 불가능한 출발을 끝없이 시도하는 것이 호모 사피엔스의 유일한 희망인지도 모르겠다.

프리드리히 빌름 하이네, 〈파름한 운명의 신들의 싸움〉

미래

우연과 필연, 질서와 무질서

먼 미래 어느 날. 아스가르드의 문지기 헤임달은 자신의 눈을 믿지 못할 장면을 목격한다. 인간들의 세상인 미드가르드와 신들의 세상 아스가르드를 연결하는 무지개다리를 건너 끝없이 밀려오는 거인들! 그 무시무시한 거인들의 군대를 지휘하는 로키, 로키의 자식들 펜리르와 요르문간드. 그들이 누구였던가? 신과 거인의 세상을 넘나들며 원인도, 이유도 없이 세상을 혼란과 무질서에 빠트리던 로키! 입한번 벌리면 땅과 하늘 사이에 있는 모든 존재를 삼켜 무無로 만들어버릴 수 있는 늑대 펜리르! 막강한 신 오딘과 토르에게 잡혀 깊은 동굴 안에 절대쇠사슬로 꽁꽁 묶어놓지 않았던가? 쇠사슬을 푼 로키와 펜리르, 세상을 한 바퀴 둘러싸고도 자신의 꼬리를 물 만큼 거대한 바다뱀 요르문간드는 신들을 전멸시키러 오고 있었다. 드디어 '라그나로크'라 불리는 '신들의 황혼'이 시작된 것이다.

그리스, 로마, 유대교, 기독교 신들은 단순하다. 전능하신 기독교, 유대교 신께서는 세상을 창조하시고 영원히 만물을 통치하신다. 우주를 창조하지는 못했지만, 그리스 로마 신들 역시 적어도 영원히 존재한다. 하지만 스칸디나비아 게르만족 노르드인들의 신화는 다르다. 세상이 끝장나면 신들 역시 끝장나니 말이다. 아니, 신들의 종말, 라그나로크 자체가 세상의 종말이기도 하다. 최고의 신 오딘은 태양과 함께 늑대 펜리르에게 산 채로 잡아먹히고, 번개의 신토르와 바다뱀 요르문간드는 서로를 죽인다. 늑대와 뱀에게 죽다니! 무슨 그런 '쪽팔리는' 신들이 있을까! 하지만 그게 다가 아니다. 전멸한 세상은 다시 창조되고, 다시 창조된 세상에서 신들은 또다시 세상을 지배한다. 말썽꾸러기 로키는 또 한번 잡히고, 그가 풀려나는 날 또 한번의 라그나로크가 벌어진다. 라그나로크와 창조, 창조와 라그나로크를 되풀이하며 세상은 영원히 반복된다는 말이다. 그리고 라그나로크는 끝이 아니라는 것을 오딘, 토르, 로키, 펜리르, 요르문간드 모두 알고 있다. 또 한번의 시작일 뿐이다. 그렇다면 질문할 수 있겠다. 어차피 모든 게 반복된다면, 왜 싸우고 찢기고 물고, 생고생을 해야 하는가? 늑대 펜리르를 묶는 자신의 손은 어차피 우주만큼 크고 깊은 펜리르의 목에 삼켜질 것이라는 걸 너무나도 잘 알고 있는 오딘. 그는 왜 여전히 펜리르를 꽁꽁 묶고 있는 것일까? 마치 할리우드 영화 〈매트릭스〉에서의 '건축가'가 설명하듯, 주인공 네오의 삶과 싸움, 기계들을 향한 인간의 반란이 이미 수십 번 반복되었다면? 너무나도 많이 반복되었기에, 미래의 모든 것을 예측할 수 있다면? 토르가 그의 위대한 망치를 던지는 순간, 어디로 떨어질지 이미 모두 알고 있다면? 미래에 일어날 모든 것들이 결국 신, 물리법칙, 또는 운명이라 불리는 필연들 간의 짜고 치는 고스톱이라면?

과거가 있기에 현재가 있고, 현재는 미래로 변한다. 그리스·로마, 유대 기독교의 시간은 지극히 선형적이다. 현재는 미래를 바꿀 수 있지만, 미래는 과거를 바꿀 수 없다. 힌두교의 시간 개념에서도 과거는 변할 수 없다. 이 세상 모든 것이 의미 없는 환상, '마야Maya'라는 사실을 진정으로 느낄 때까지 과거에서 미래로 흐르는 세상에 던져져 다시 시작해야 할 뿐이다. 하지만 노르드인들에게 미래란 무의

250

미하다. 어차피 과거와 현재만 존재하기 때문이다. 그게 무슨 말일까? 그들은 광대무변한 나무 위그드라실Yggdrasil이 세상을 받치고 있다고 믿었다. 나무의 뿌리는 우주의 우물 우르드Urd로부터 물을 받고, 신, 거인, 인간이 사는 아홉 개 세상들은 나뭇가지들에 매달려 있다. 그렇다면 우르드의 물은 어디서 만들어지는 것일까? 나무 이파리에서 떨어지는 이슬들이 모여 우물을 다시 채워준다. 노르드인들의 세계관을 이렇게 해석해볼 수 있겠다. 위그드라실 나무의 이슬들은 신과 인간들의 피와 땀, 사랑과 희망 그리고 서서히 사라져가는 그들의 생명을 통해 만들어진다. 과거가 현재를 만들지만, 현재의 미래가 바로 그 과거로 돌아간다는 말이다. 나의 미래가 나의 과거가 되기에, 독립적 미래는 존재하지 않는다. 시간은 흐르는 게 아니라 꼬여 있다. 어차피 미래가 없는 세상. 노르드인들이 그렇게 숙명적으로 싸우고 찢기고 물고 죽어갔던 이유였는지도 모른다.

프랑스의 위대한 수학자 피에르시몽 라플라스. 뉴턴의 고전역학을 수학적으로 정의하고, '라플라스 변환'과 '라플라스 방정식'을 발견한 그는 나폴레옹 보나파르트 정권 당시 내무부 장관으로 임명되기도 했다. 천재적이고 도도하기로 유명했던 라플라스의 공무원 생활은 하지만 무척이나 짧고 재앙적이었다. 수학하고는 본질적으로 다른 비논리적 정치에 실망한 본인은 물론이고, "신은 존재하느냐?"라는 호기심 많은 황제의 질문에 "나는 '신' 같은 가설은 필요 없소"라고 짜증낼 정도로 상황 판단에 어두웠으니 말이다. 결국 상관 나폴레옹은 그를 "쓸모 없는 질문만 던지는", "비단옷 입힌 똥"이라 욕하며 퇴임시킨다(정확히 6주 만에!). 다시 과학의 세계로 돌아온 라플라스는 질문한다. 뉴턴 역학에 따르면 만물은 물리법칙이라는 필연의 결과물이다. 그런데 왜 세상은 예측 불가능한 혼돈과 우연투성이일까? 코르시카 시골 출신에 키도 작은 나폴레옹. 그런 그가 어떻게 프랑스 황제가 되었고, 또 어떻게 전 유럽을 정복할 수 있었을까? 왜 영원할 것만 같았던 그의 행운과 승리는 러시아 겨울과 워털루 전투에서 힘없이 무너지고 말았을까? 이 모든 게 결국 우연과 행운일 뿐일까? 아니면 우리가 이해하지 못하는 필연의 결과물일까? 그렇다. 우연과 혼돈은 오로지 인간의 미지에서 오는 것이다. 만약 우주에 있는 모든 입자의 정확한 위치와 운동량을 알고 있는 존재가 있다면, 이 존재는 뉴턴의 운동 법칙을 이용해 과거, 현재의 모든 현상을 설명해주고 미래까지 예언할 수 있다.

나중에 '라플라스의 악마'라 불리게 될 이런 전능한 존재가 정말 가능하다면? 138억 년 전 빅뱅을 통해 우주가 탄생하는 순간 라플라스의 악마는 이미 미래에 일어날 모든 일을 예측할 수 있었을 것이다. 은하수와 태양계의 탄생, 생명과 인간의 진화, 문명의 발전. 부모님들의 탄생 그리고 죽음. 그리고 나의 탄생과 인생과 죽음까지. 라플라스의 악마는 이미 모든 걸 알고 있었다는 말이다.

물론 라플라스의 악마는 불가능하다. 우주 모든 입자들의 위치와 운동량을 동시에 안다는 '현실적' 문제 때문만이 아니다. 덴마크의 닐스 보어와 함께 초기 양자역학 발전에 절대적인 공헌을 한 독일의 베르너 하이젠베르크는 스물여섯 살이라는 어린 나이에 양자역학의 근본적 법칙인 '불확정성 원리'를 제시한다. 아무리 노력해도 입자의 위치와 운동량은 본질적으로 동시에 측정할 수 없다. 위치를 정확하게 측정할수록 운동량의 불확정도가 커지고, 반대로 운동량이 정확하게 측정될수록 위치의 불확정도는 늘어난다. 라플라스의 꿈은 결국 꿈에 불과하다. 하지만 잠깐! 입자 하나하나의 정확한 위치와 운동량은 측정할 수 없지만, 통계열역학 방법을 응용하면 입자들의 통계학적 위치와 운동량은 알아낼 수 있지 않은가? 그렇다면 적어도 우주와 존재의 통계학적 운명은 예언할 수 있겠다. 그런데 여기서 문제가 하나 발생한다. 그 유명한 열역학 제2법칙에 따르면 '고립된 시스템의 총 엔트로피는 감소할 수 없다'. 우주 그 자체를 하나의 고립된 시스템으로 본다면, 시간이 지날수록 우주는 질서보다 무질서 상태로 변해가며, 언젠간 모든 입자들이 골고루 분포되어 운동이나 생명을 유지하기 위해 사용할 수 있는 에너지, 즉 자유에너지가 0이 되는 상태까지 갈 수 있다는 말이다. 아일랜드 태생 영국 물리학자 윌리엄 톰슨은 우주의 이 같은 종말 상태를 '열죽음heat death'이라고 정의한 바 있다. 만약 톰슨의 주장이 맞는다면, 빅뱅이라는 '무'에서 시작된 오늘날의 '유'는 언젠간 아무 질서도, 정보도 존재하지 않는 무의미한 완벽한 무질서 상태로 끝날 수 있다는 말이다.

은하수 · 태양계 · 지구라 불리는 물질적 질서, 생명 · 인간 · 뇌라 불리는 생물학적 질서, 문명 · 종교 · 과학이라 불리는 문화적 질서. 프랑스 생물학자 자크 모노가 그의 책 《우연과 필연》에서 설명하듯, '나'라는 존재를 가능하게 한

이 질서들은 결국 '우주는 언제나 무질서를 향해 간다'라는 필연 아래 잠시 허락된 우연일 뿐이다. 영원한 무질서 사이에 우연히 존재하는 잠시의 질서이기에, 우리는 우리를 다시 무질서의 세상으로 삼켜버릴 늑대 펜리르의 입을 기다리고 있는지도 모른다. 마치 자신의 뒤를 돌아보며 외로워하는 프란시스코 고야의 〈거인〉처럼.

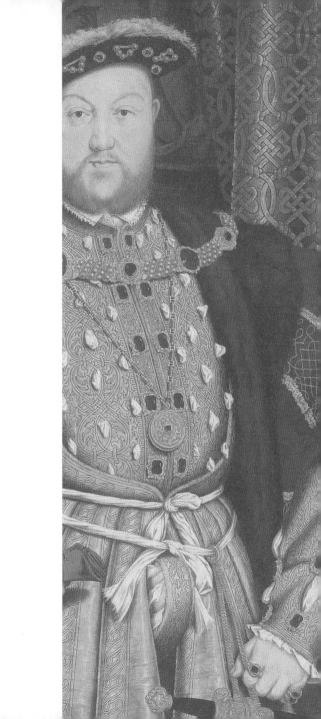

헨리 8세의 초상. 한스 홀바인이 그린 초상화를 기초로 만든 판화.

권력

21세기의 헨리 8세

여섯 명의 여인과 결혼한 남자. 두 명은 참수형을 당하고, 두 번의 결혼은 무효화되었으며, 한 명은 출산 후유증으로 사망하고, 마지막 부인은 남자가 먼저 사망한 덕분에 살아남는다. 바로 헨리 8세 영국 왕 이야기다. 튜더 가문 헨리의 결혼사는 단순히 귀족 한 명의 시시콜콜한 개인사만은 아니다. 첫 번째 부인 아라곤의 캐서린 Catherine of Aragon 은 당시 최강대국 스페인 국왕이자 신성로마제국 황제였던 카를 5세의 이모였으니 말이다. 교황과 황제 모두 절대 반대한 이혼. 하지만 젊고 매력적인 앤 불린과 결혼하고 싶었던 헨리는 결국 로마 가톨릭을 포기하고 본인 스스로가 교주인 영국국교회, 그러니까 오늘날 성공회를 설립하고 만다. 요즘 방송에서 인기 있는 '결혼 이야기'보다 몇 배나 더 막장

스러운 사건이었을 것이다.

헨리 8세의 피해자는 캐서린만이 아니었다. 자신의 스승이자 총리였던 토머스 울지 추기경은 교황을 설득시키지 못했다는 '반역죄'로 처벌되었고, 프레드 진네만 감독의 명작 〈사계절의 사나이〉의 주인공이자 《유토피아》의 저자로 유명한 토머스 모어는 앤 불린을 여왕으로 인정하지 않는다는 죄로 참수형을 당한다. 추기경 울지를 몰락시켰던 앤 불린의 가족들은 결혼 3년 만에 새로운 여인과 사랑에 빠진 헨리에게 숙청당하고, 앤과 앤의 측근들을 반역죄인으로 참수시킨 헨리의 수석비서관 토머스 크롬웰 역시 몇 년 후 반역죄로 참수당한다.

헨리 8세의 개인 비서였던 브라이언 튜크의 얼굴에서 볼수 있는 두려움과 불안함. 미래에 대한 불확실성이 가장 두렵지 않았을까? 반역죄로 런던탑에서 오늘 참수형을 기다리는 죄인들은 어제까지 헨리와 함께 사냥 나갔던 친구들이었고, 오늘 헨리의 친구와 가족들 역시 언제든지 참수당할 수 있으니 말이다. 숙청과 우정과 참수와 사랑의 반복. 그 시작과 끝엔 언제나 헨리 8세가 있었고, 잉글랜드는 헨리 8세라는 한 남자를 위한, 그 한 남자를 통해 모든 것이

한스 홀바인, 〈브라이언 튜크의 초상〉

결정되던 절대왕정 국가였다. 이제 슬슬 궁금해진다. 어떻게 한 사람이 나라의 모든 권력을 장악할 수 있었을까? 말한마디면 언제든지 아내와 친척과 백성의 목을 자를 수 있었던 헨리. 큰 덩치로 유명했지만 남들보다 수백 배 강한 것도 아니라 성인 남자 몇이면 충분히 제압 가능했을 것이고, 특별히 더 영리하지도 않았을 텐데 말이다.

　권력이란 무엇일까? 우선 단순하게 '타인의 행동이나 생각을 내가 원하는 방향으로 바꾸는 능력'이라고 생각해볼 수 있겠다. 아이들은 부모님 말을 들어야 하고, 학생은 선생님을 따라야 하고, 신도는 교주를, 국민은 왕을, 그리고 인간은 신을 따라야 하는 뭐 그런 관계 말이다. 그런데 한 번 질문해보자. 도대체 왜 인간은 신을, 국민은 왕을, 그리고 아이는 부모의 말을 따라야 할까? 심리학자 존 프렌치와 버트램 레이븐은 권력이 유지될 수 있는 총 여섯 가지 이유를 제안한 바 있다. 1) 강제성: 말 안 들으면 매 맞을 수 있다. 2) 보상: 말 잘 들으면 더 많은 용돈 받을 수 있지 않을까? 3) 정당성: 정부는 법을 시행할 권한을 가지고 있다. 4) 참고적: BTS 곡에 등장하는 책을 읽고 싶다. 5) 전문성: 코로나바이러스 사태를 극복하려면 전문가의 의견을 따라야 한다. 6) 정보력: 나보다 많은 정보를 가진 여의도 증권사들의 의견을 듣자. 이런 이유들로 인간은 타인의 말을 따른다는 것이다. 물론 현실에서의 권력은 대부분 여러 이유들의 조합이겠다. 헨리 8세의 신하들은 참수형을 두려워했겠지만, 동시에 왕으로부터 막대한 보상 역시 기대할 수 있었다. 더구나 잉글랜드 국왕으로 헨리의 권력은 정당성까지 가지고 있지 않았는가!

하지만 어쩌면 프렌치와 레이븐의 여섯 가지 이유 모두 결국 '정보'라는 공통점의 다른 이름이지 않을까? 인간의 행동을 좌우하는 가장 결정적인 요소들은 무엇일까? 물론 우선은 의식주겠다. 하지만 우리에게 의식주만큼 중요한 것은 예측 가능성이다. 내일 사냥은 성공적일까? 한발 앞으로 더 나가면 어떤 일이 벌어질까? 손에 잡은 돌을 던지면 어디로 날아갈까? 어쩌면 인생은 미래에 대한 예측의 꼬리 물기인지도 모르겠다. 덕분에 호모 사피엔스 뇌의 대부분을 차지하는 대뇌피질의 가장 핵심적 기능은 미래 예측이라고 주장하는 뇌과학자들이 적지 않다. 진화적으로 오래된 중뇌와 간뇌 등은 현재와 과거에 대한 정보를 처리하는 반면, 가장 최근 만들어진 대뇌는 대부분 미래를 예측하고, 미래의 나를 위해 가장 최적화된 결정을 오늘의 나를 통해 실행하도록 유도한다는 것이다. 그런데 여기서 문제가 하나 생긴다. 완벽한 미래 예측은 본질적으로 불가능하기 때문이다.

미래 예측이란 무엇일까? 근본적으로 두 가지 방법을 생각해볼 수 있다. 만약 미래는 과거의 반복이라고 가정한다면 우선 과거 데이터를 기반으로 미래를 예측해볼 수 있다. 하지만 세상과 인생은 변곡점과 특이점이라는 예측 불가능한 함정으로 가득하다. 과거는 미래에 대한 힌트는 될 수 있겠지만, 미래는 언제나 반복성과 랜덤의 조합이다.

미래예측을 시도할 수 있는 두 번째 방법은 아웃소싱이다. 과거 데이터만으로 미래를 예측하기 불가능하다면, 내가 살아남아야 할 미래가 이미 과거가 된 타인에게 내 판단을 위탁해볼 수 있겠다. 모든 사람이 동시에 객관적으로 동일한 과거와 현재와 미래를 살고 있지는 않기 때문에 가능한 일이다. 예를 들어보자. 맹수로 가득한 정글을 처음 경험하는 나에겐 모든 것이 예측 불가능한 미래 위험 요소들이지만, 이미 정글을 여러 번 경험한 이들에겐 기억 가능한 과거 사건들이다. 나의 미래를 스스로 예측하긴 어렵지만, 내가 경험할 미래를 이미 경험한 이들의 과거를 통해 앞으로 내게 일어날 일들에 대한 불확실성을 줄여볼 수는 있겠다. 아이의 대부분 미래는 어른의 과거이고, 전문가의 과거는 초보자의 미래라는 말이다.

그렇다면 권력이란 사실 정보의 방향성을 의미하는 건 아닐까? 미래에 대한 확신을 줄 수 있는 정보를 가진 자가 미래에 대한 불확실성으로 가득한 이의 판단과 행동을 좌우할 수 있다는 말이다. 결국 헨리 8세의 절대 권력은 그를 통한 절대 확신을 기반으로 하지 않았을까? '헨리'라는 공통변수를 통해 울지와 모어와 앤과 크롬웰은 불확실한 자신의 미래가, 좋든 나쁘든 예측 가능해질 수 있다는 희망을 가졌었는지도 모른다.

만약 권력의 핵심이 정보라면, 정보의 미래는 동시에 권력의 미래이겠다. 나에 대한 정보는 동시에 내 미래 행동의 예측 가능성을 의미한다. 아마존과 넷플릭스가 내가 선호하는 영화와 책을 나보다 더 정확히 추천해주듯 말이다. 하버드 경영대학교 교수 쇼샤나 주보프는 그렇기에 소비자의 데이터를 모으고 예측하는 다국적 IT 기업들이 최근 새로운 형태의 권력인 감시자본주의Surveillance Capitalism를 가능하게 했다고 지적한 바 있다.

미래에 대한 두려움으로 언제나 가득한 나약한 호모 사피엔스. 스스로의 미래를 예측할 수 없기에 우리의 미래가 이미 그들의 과거일 것이라는 믿음 아래 부모님과 전문가와 정부에게 미래에 대한 선택권을 아웃소싱했던 것이다. 그리고 이제 정부와 선생님과 부모님보다 나에 대한 더 많은 정보를 가지고 있는 기업들에게 우리는 또다시 미래 선택권과 판단을 아웃소싱하고 있기에, 실리콘밸리 기업들은 21세기의 새로운 헨리 8세가 되어가고 있다.

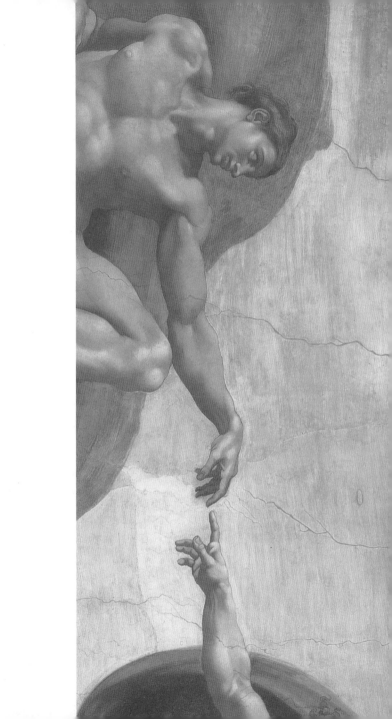

미켈란젤로, 〈아담의 창조〉

신

신은 정말 죽었나

너무나 잘 알고 있는 그림이다. 몸을 살짝 가린 미인들에 둘러싸인 한 어르신. 노인이라기엔 여전히 멋지고 단단한 몸과 마치 1950년도 할리우드 중년 배우를 연상케 하는 근엄하면서도 자비로운 얼굴. 중력은 그에게 아무 의미도 없는 것일까? 날개도 로켓도 없이 공중에 날아다니는 어르신은 오른손을 쭉 뻗어 벌거벗은 남자의 손가락을 만지는 듯하다. 아니, 어쩌면 단순히 흙과 물로 빚어진 진흙 덩어리였던 남자는 어르신의 손이 닿으려는 순간 보고 느끼고 움직이는 인간이 되어버렸는지도 모른다. 호모 엑스 데오. 신으로부터 만들어진 인간. 하지만 정말 그런 걸까? 만약 신이 인간을 만든 게 아니라, 인간으로부터 신이 만들어졌다면? 이시스, 오시리스, 엔키, 마르두크, 야베, 비슈누, 시바,

제우스, 아폴로, 오딘, 토르. 우리 인간이 이 모든 신들을 만들어냈다면? 왜 인간은 신을 만들었을까? 왜 인간은 신이 있는 지구를 신이 없는 지구보다 더 선호했을까? 우선 신이 있으면 많은 것이 설명된다. 설명이란 무엇인가? 설명이 가능하다는 말은 더 이상 질문이 필요 없다는 말이다. 우리도 한번 데카르트를 흉내내보자. 내 눈에 보이는 세상, 그리고 나의 모든 기억과 믿음이 허상이라면? 그래도 여전히 이 모든 것을 허상이라고 생각하는 무언가는 여전히 존재해야 하며, '나'라는 이름을 가진 그 무언가는 필연적으로 존재해야 한다는 결론을 낼 수 있다. '나'는 아무 설명도, 정당화도 필요 없다. 모든 설명은 어차피 '나'로부터 시작되어야 할 테니 말이다.

눈을 한번 크게 떠보자. 마치 머릿속에 초고화질 모니터라도 존재하듯, 선명하고 입체감 있는 세상이 보인다. 그리고 '나'와는 다른 것들이 보이기 시작한다. 돌, 나무, 사자. '나'와 '내가 아닌 세상'의 차이는 무엇일까? 답은 의외로 간단하다. 나의 행동은 내가 의도하고 예측할 수 있다. 내가 팔을 들고 싶은 순간 나는 팔을 들 수 있다. 하지만 나는 알 수 없다. 나무에 매달린 열매가 언제 떨어질지, 저 먼

곳의 사자가 언제 나를 향해 달려올지. 예측하면 나, 예측
도 의도도 하지 못하면 세상이다. '내가 아닌 세상'의 다른
모든 것을 예측하기 위해선 좋은 설명이 필요하다. 가장 단
순한 설명은 세상은 나와 같다는 설명이겠다. 이 세상 모든
것들 역시 '내 안의 나'와 같은 무언가를 가지고 있다는 설
명. 그들이 가지고 있는 '무엇'을 '내 안의 나'와 구별하기
위해 '영혼'이라고 이름 붙여보자. 돌, 나무, 사자 모두에게
영혼이 있고 의도가 있다면, 그들의 행동은 나 자신의 경험
과 희망을 바탕으로 설명할 수 있겠다. 이 세상 모든 것들
에겐 영혼과 의도가 있다고 믿는 애니미즘의 탄생이다.

애니미즘은 많은 문제들을 해결해주었다. 굶고, 다치고,
원인 모르게 아프고, 죽고…. 도저히 예측 불가능하던 세상
이 갑자기 설명되기 시작한다. 나를 굶게 하고, 다치게 하
고, 죽게 하는 모든 것들에겐 내면적 세상이 존재한다. 그
렇다면 더 이상 죽고, 다치고, 굶지 않기 위해선 눈에 보이
지 않는 그들에게 부탁해보면 어떨까? 그런데 여기서 문제
들이 발생한다. 우선 세상엔 너무 많은 영혼들이 존재한다.
끝없이 넓은 초원에서 풀을 뜯고 있는 저 많은 소들. 각자
독립적인 영혼이 있다면 누구에게 부탁해야 할까? 더구나

그들이 왜 나의 부탁을 들어주어야 할까? 내가 원하는 게 무엇이던가? 그들의 등과 목에 긴 창을 꽂아 쓰러트리고, 아직 생명이 남아 있는 그들의 배를 날카로운 칼로 자르는 게 아니었던가? 마치 기다렸다는 듯 쏟아져 나오는 창자, 마지막 숨을 내뱉는 그들의 소리, 멈출 줄 모르는 붉은 피. 내가 내 창자가 쏟아져 나오길 원하지 않듯, 영혼이 있는 소들 역시 그것을 원할 리 없다. 나는 원하지만, 그들은 원하지 않는다. 나는 받아야 하지만, 그들은 주고 싶어하지 않는다. 이 문제를 어떻게 풀 수 있을까?

답은 숫자에 있었다. 만약 영혼의 수가 사물의 수보다 적다면? 깨알같이 많은 모래알이 각자 다른 영혼을 가진 게 아니라면? 모든 소를 움직이는 '소 영혼', 하늘 위에 사는 것들을 다스리는 '하늘 영혼', 깊은 바닷속을 장악하는 '바다 영혼' 등 '영혼 위의 영혼'을 신이라고 부른다면, 또 한 번의 혁신이 가능하다. 육질 좋고 맛있는 소의 고기를 먹고 싶다면, 자신의 살덩어리를 자진해서 줄 이유가 없는 소 한 마리가 아닌, 소들을 다스리는 신에게 부탁하면 되겠다. 무한에 가까웠던 영혼의 수를 불과 몇 안 되는 신들로 대체한 다신교의 탄생이었다. 다신교의 효율성은 대단했다. 험하고 무서운 세상에서 살아남기 위해서 더 이상 무한에 가까운 영혼에게 잘 보일 필요가 없었다. 세상을 다스리는 몇 안 되는 신들에게 제물을 바치고, 그들이 머물 수 있는 멋지고 거대한 신전을 지어주고, 그들을 찬양하는 시와 글을 쓴다면 모든 것이 예측 가능해지겠다. 불안과 걱정과 죽음에 대한 두려움이 없어진 삶. 다신 숭배의 약속이었다.

기원전 14세기. 고대 이집트 제18왕조의 파라오 아멘호테프 4세. 남다른 외모 때문이었을까? 아니면 먼 훗날 태어났다면 다빈치, 모차르트, 아인슈타인을 능가할 천재성을 가지고 타고났을 뿐일까? 수많은 이론과 가설은 가능하지만 재위 5년, 아멘호테프가 이집트인에게 왜 이렇게 말했는지 여전히 아무도 모른다. 수많은 신이 만물을 지배한다는 믿음은 참이 아니라고, 우주에는 단 하나의 신만 존재한다고, 불안과 어둠을 물리치고, 따스함과 빛을 주는 태양이 바로 그 유일한 신이라고 말이다. 신의 이름은 '아톤'(혹은 '아텐')이라고 했다. 무한의 영혼으로 시작해 힘 좀 쓰고, 서로 싸우고 질투하고 외도하는 몇 명의 신들로 줄어들었던 다신교적 영혼의 세상. 아멘호테프는 단숨에 이 모든 신을 단 하나로 추려버린 것이다. 아톤이라는 유일신을 숭배하던 그는 새 수도 아케타텐(아톤의 지평선)을 설립하고, 자신의 이름을 아케나텐(아톤의 살아 있는 영혼)으로 바꾼다. 하지만 아케나텐의 혁신은 실패하고 만다. 파라오 아케나텐이 죽고 불과 몇년 후, 조상들에게 물려받은 신들을 포기할 수 없었던 이집트인들은 쿠데타를 통해 권력을 장악한다. 수도 아케타텐은 버려지고, 아케나텐의 아들 투탕카톤(아톤의 살아 있는 이미지)의 이름은 투탕카멘(아문의 살아 있는 이미지)로 바뀐다.

성공적 명품은 언제나 수입품이어야 하는 것일까? 이집트에서 실패한 유일신은 아브라함과 모세의 유일신 야베가 되었고, 아브라함의 유일신은 인류 최고의 수출품이 된다. 유대교, 기독교, 이슬람, 사마리탄교, 야지디교, 드루즈교 등 54퍼센트의 지구인들이 아브라함의 신을 믿고 있으니 말이다.

무한에서 수십 명, 결국 단 한 명. 문명의 역사는 줄어든 신들의 역사라고도 할 수도 있겠다. 끝은 여기일까? 아니, 모든 끝은 또 다른 시작의 시작일 뿐이다. 문헌학의 대가, 19세기 최고의 문화비평가, 현대 허무주의의 아버지인 독일 철학자 니체. 대부분 과학자나 철학자들과 같이(이 글을 쓰는 과학자 역시 예외는 아니다) 그다지 뛰어나지 못한 외모의 니체. 잘생긴 친구 파울의 연인이었기에 아름다운 루를 멀리서만 짝사랑해야 했던 니체. 우리 모두 적어도 그의 말 한마디는 기억한다. 신은 죽었다. 누군가가 죽었다면, 대부분 죽인 자가 있다. 신은 죽었고, 인간이 죽였다. 왜냐고? 더 이상 필요하지 않았기 때문이다. 수학, 물리, 화학, 생물학, 기계학, 전기학, 천문학. 아브라함의 신 없이도 인류는 세상을 설명하고 예측할 수 있게 되었기 때문이다.

　신은 정말 죽은 것일까? 신은 올림포스산에 살거나 아스가르드 궁전에서 만찬을 즐기지 않는다. 그들은 불안과 공포로 가득한 나약한 우리 인간의 위안일 뿐이다. 진화론, 양자역학, 상대성이론, 분자생물학, 뇌과학. 혼란한 우주를 설명하고 예측하기 위해 만들어진 지식들. 그 방대한 지식들은 과연 우리의 불안을 없애줄 수 있을까? 물론 아니다. 아니, 차라리 우리의 존재적 불안을 더 키우기만 하는 듯하다. 대부분 모든 게 우연이라고, 특별한 이유 없이 존재하고, 이유 없이 소멸된다고, 현실이란 대부분 착시이고, 절대 진실이란 존재하지 않는다고. 한밤중 날아가는 새소리에도 기겁하는 나약한 영장류의 후손인 우리들. 우리는 그다지 강한 종이 아니다. 만약 신이 죽었다면, 우리를 안심시켜줄 수 있는 다른 무언가를 찾아야 한다. 그렇다. 만약 우리 스스로가 신이 된다면 어떨까? 유전공학, 로봇공학, 뇌공학, 인공지능. 잘못 넘어지기만 해도 부스러지는 팔다리뼈를 초강력 탄소복합 소재로 바꾼다면? 100년도 버티지 못하는 우리 몸을 유전적으로 업그레이드할 수 있다면? 사랑하던 연인에게 버림받아 이불킥 날리며 술독에 빠지는 우리의 아픈 기억을 지울 수 있다면? 점점 희미해지는 내 기억들을 브레인 리딩 기술로 읽어 재현할 수 있다면? 나약한 내 육체가 소멸되기 전 나의 모든 기억, 감정, 희망, 나라는 존재 자체를 양자컴퓨터에 업로드할 수 있다면? 본질적으로 불가능하지 않은 이 기술들이 실현되는 그 순간, 존재의 불안함과 필멸을 극복한 인간은 드디어 신과 같은 존재가 되는 것이다. 그렇다면 우리의 질문은 이거겠다. 만약 신이 된 인간은 무엇을 원할까?

무한

분노와 자비

> 노래하소서, 여신이여! 펠레우스의 아들 아킬레우스의
> 분노를! 엄혹하고 잔혹한, 셀 수 없는 아카이아인의 목숨
> 을 가져간 분노를.
>
> _호메로스,《일리아스》첫 부분

고대 그리스 (아카이아) 최고의 영웅 아킬레우스. 그 누구
도 통제할 수 없었던 그의 분노. 마치 성난 짐승같이, 날
카로운 창을 휘두르며 누군가의 아들이자 남편이자 아버
지의 목숨을 가져가던 아킬레우스. 적군 라인 뒤에 '던져
져' 마치 신들린 것처럼 싸웠다는 바이킹 특전사 베르세르
크Berserk들을 상상해보자. 아니, 영화 〈트로이〉에서의 브래
트 피트를 떠올려보면 되겠다.

고대 그리스 수학자이자 철학자였던 제논은 상상해본다. 만약 아킬레우스가 거북이와 경주를 한다면? 말도 안된다! 그리스 최고의 영웅과 느려터지기로 유명한 거북이와의 경주라니? 꼭 해야 한다면, 거북이에게 넉넉하게 한 100미터 앞에서 먼저 '달리라고' 하면 되겠다. 화살보다 빠른 아킬레우스님과 경주하며 겨우 100미터 앞이라니! 아킬레우스는 눈 깜작할 사이 100미터를 달려 거북이가 있던 위치에 도착한다. 같은 시간 동안 역시 열심히 달린 거북이는 1미터 정도 더 앞으로 나가 있다. 뭐 1미터 정도야⋯. 그런데 이게 웬일인가? 아킬레우스가 다시 1미터를 달리는 동안 거북이는 1센티미터 앞으로 나간다. 또다시 1센티미터를 달리면 0.1밀리미터 앞에 서 있고, 다시 0.1밀리미터를 달리면 0.001밀리미터 앞에 서 있는 거북이.

제논은 주장한다. 무한으로 점점 더 가까워질 수는 있겠지만, 아킬레우스는 거북이를 절대 추월할 수 없다고. 그렇다면 만약 거북이를 추월하지 못해 분노한 아킬레우스가 다시 시작된 경주에서 100미터 앞 거북이에게 화살을 쏜다면? 100미터를 날아가기 위해 화살은 물론 우선 50미터를 날아야 한다. 50미터를 날기 위해선 당연히 25미터를 날아야 하고. 25미터를 날기 위해선 25미터의 반, 그리고 반의 반, 그리고 반의 반의 반, 그리고 반의 반의 반의 반을 가야 한다. 시작은 언제나 그 전 것의 끝에서부터다. 하지만 시간과 공간을 무한으로 나눌 수 있다면 '마지막'이라는 끝이 존재하지 않고, 끝 없이는 그 다음 것의 시작도 불가능하다. 고로 화살은 결국 쏜 자리에서 한 치도 움직일 수 없다는 말이다! 그렇다! 나, 제논이 누구였던가! 존재는 결국 하나이며, 없는 것은 없고, 변화는 무지한 인간의 착각일 뿐이라고 주장하셨던 나의 사부님 파르메니데스의 최고 제자 아니었던가! 변화의 기본은 운동이다. 거북이조차 추월할 수 없는 아킬레우스, 쏜 자리를 떠날 수 없는 화살, '움직임은 불가능하다'라고 나, 제논은 이렇게 증명한다!

그리스어로 키니코이kynikoi(개)같이 떠돌이 인생을 산다 해서 키니코스라 불리던 학파의 대표 철학자 디오게네스. 움직임은 불가능하다는 제논의 '증명'을 알게 된 그는 벌떡 일어나 동네 한 바퀴 돌아다녀주었다고 한다. 현실과 도저히 일치하지 않는 제논의 주장. 그를 비웃기는 쉽다. 하지만 제논의 증명을 논리적으로 반박할 수는 없을까? 심플리키오스, 아리스토텔레스, 토마스 아퀴나스, 아키메데스 등이 다양한 방법으로 시도해 보지만 모두 실패하고 만다. 제논의 패러독스는 19세기 초에 수학자 바이어슈트라스와 코시가 만든 엡실론-델타(고등학교 때 배운 지식을 떠올려보자!) 미적분을 통해서야 드디어 수학적으로 만족스러운 수준에서 풀리게 된다. 함수의 극한을 응용하면 아킬레우스가 거북이를 추월하는 순간을 논리적으로 엄격하게 명시할 수 있기 때문이다.

하지만 다시 한번 생각해보자. 제논이 제시한 문제의 핵심은 '반의 반의 반의 반…'이라는, '공간을 무한으로 나눌 수 있다'라는 가정에서부터 시작된다. 그런데 추상적인 미적분적 공간이 아닌, 우리가 만지고 보고 들을 수 있는 실질적 공간도 무한으로 나눌 수 있을까? 수학자 헤르만 바일은 물리적 우주는 연속적이지 않으며 플랑크 시간(5.39106×10^{-44}초)과 플랑크 길이(1.616199×10^{-35}미터)라는 마치 작은 레고 블록 같은 분리된 기본단위로 나뉜다고 주장했다. 아킬레스가 거북이를 추월할 수 있는 진짜 이유는 '무한'보다 절대적으로 작은 숫자의 공간적 레고 블록들만을 정해진 시간에 따라잡으면 되기 때문이다.

그렇다면 '무한'은 과연 존재할까? 우선 가장 간단한 자연수 또는 정수 {···-3, -2, -1, 0, 1, 2, 3···}를 생각해보자. 정수는 몇 개나 있을까? 물론 무한이다. 아무리 큰 숫자라도 우리는 언제나 '하나' 더 더할 수 있기 때문이다. 정수는 다양한 방법으로 나눌 수 있다. 예를 들어 2, 4, 6, 8 같은 짝수와 1, 3, 5, 7 같은 홀수로 나눌 수 있다. 그런데 잠깐! 무언가 이상하다. 홀수, 짝수 역시 무한으로 계속 연장시킬 수 있지 않은가? 직관적으로 '부분'은 '전체'보다 더 작아야 한다. 그런데 어떻게 정수의 한 부분인 짝수가 정수와 동일한 무한의 크기를 가질 수 있다는 말인가?

19세기 최고 수학자 중 한 명이던 독일의 게오르크 칸토어. 그는 무한의 세상을 이해하기로 결심한다. 칸토어는 이미 현대 수학의 기본 바탕인 '집합론'을 정의한 것으로 유명했다. 집합이란 무엇인가? 칸토어는 말한다. 집합(영어 set, 독일어 Menge)이란 인지적 또는 지각적으로 나눌 수 있는 것들을 합친 것이다. 과일={사과, 바나나, 수박}, 동물={개, 고양이, 거북이}, 정수={···-3, -2, -1, 0, 1, 2, 3···} 모두 집합들이다. 그렇다면 '두 집합의 크기가 같다'라는 명제는 어떤 의미일까? 칸토어는 집합들 간에 일대일 대응bijection이 존재하면 두 집합의 크기가 같아 동일한 기수cardinality를 갖는다고 말한다. 위에서 '과일'과 '동물'이라는 집합들은 일대일 대응이 가능하기에(사과→개, 바나나→고양이, 수박→거북이) '3'이라는 동일한 기수를 갖는다. 하지만 정수의 기수는 무한이다. 더구나 무한의 홀수, 무한의 짝수, 무한의 유리수 모두 정수와 일대일 대응이 가능하다. 칸토어는 그렇기에 무한의 정수와 일대일 대응이 가능한 모든 무한 집합들의 크기를 '셀 수 있는 집합들'의 기수, 즉 '알레프_aleph -0'이라고 정의한다.

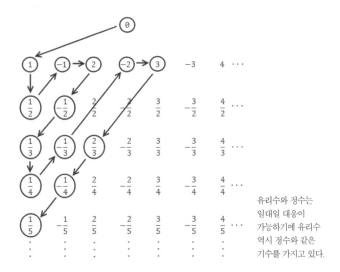

유리수와 정수는 일대일 대응이 가능하기에 유리수 역시 정수와 같은 기수를 가지고 있다.

그렇다면 모든 무한의 집합들은 셀 수 있을까? 칸토어의 답은 '아니다'였다. 실수實數를 생각해보자. 실수의 특징은 아무리 작은 숫자도 다시 무한으로 나눌 수 있다는 점이다. 우선 무한의 이진수(0과 1)들로만 이루어진 실수의 부분 집합을 생각해보자. 칸토어는 '대각선 논증'을 통해 무한으로 확장 가능한 이진수들의 집합은 '셀 수 없다'는 사실을 증명한다. 아무리 모든 무한의 이진수들을 순서대로 나열해세보려고 노력해도, 행렬 대각선에 자리잡은 이진수(그림에

$$s_1 = 0\,0\,0\,0\,0\,0\,0\,0\,0\,0\,0\,\ldots$$
$$s_2 = 1\,1\,1\,1\,1\,1\,1\,1\,1\,1\,1\,\ldots$$
$$s_3 = 0\,1\,0\,1\,0\,1\,0\,1\,0\,1\,0\,\ldots$$
$$s_4 = 1\,0\,1\,0\,1\,0\,1\,0\,1\,0\,1\,\ldots$$
$$s_5 = 1\,1\,0\,1\,0\,1\,1\,0\,1\,0\,1\,\ldots$$
$$s_6 = 0\,0\,1\,1\,0\,1\,1\,0\,1\,1\,0\,\ldots$$
$$s_7 = 1\,0\,0\,0\,1\,0\,0\,0\,1\,0\,0\,\ldots$$
$$s_8 = 0\,0\,1\,1\,0\,0\,1\,1\,0\,0\,1\,\ldots$$
$$s_9 = 1\,1\,0\,0\,1\,1\,0\,0\,1\,1\,0\,\ldots$$
$$s_{10} = 1\,1\,0\,1\,1\,1\,0\,0\,1\,0\,1\,\ldots$$
$$s_{11} = 1\,1\,0\,1\,0\,1\,0\,0\,1\,0\,0\,\ldots$$

정수와 일대일 대응이 불가능한, '셀 수 없는' 무한집합의 존재를 증명한 칸토어의 '대각선 논증'.

$$s = 1\,0\,1\,1\,1\,0\,1\,0\,0\,1\,1\,\ldots$$

서 타원으로 묶인 숫자)들의 '반대수'(0→1, 1→0, 그림의 하단에 있는 숫자)는 나열에 포함되어 있지 않다. 고로 무한의 이진수는 정수와 일대일 대응이 불가능하며, 무한의 이진수를 포함하고 있는 실수 역시 정수와 일대일 대응이 불가능한 '셀 수 없는 무한'이라는 말이다. 칸토어는 셀 수 없는 무한의 기수를 '알레프-1'이라 부르고, 알레프-1은 알레프-0보다 절대적으로 더 큰 무한이라는 사실을 증명한다. 우주에는 다양한 크기의 무한들이 존재한다는 말이다!

그러나 인간에게 무한의 세상은 금지된 구역이었을까? 19세기 수학의 대가 푸앵카레는 칸토어의 이론을 '지적 전염병'이라 불렀고, "자연수는 신이 만들었고, 나머지 모든 수는 인간이 만들었다"라고 주장하던 수학자 크로네커는 칸토어를 사기꾼이라 욕하면서 베를린 대학교 교수 임명을 무산시키기도 했다. 깊은 우울증과 정신병에 빠진 칸토어는 가난과 굶주림에 시달리다 결국 1918년 시골의 한 정신병원에서 숨진다. "알레프 수들을 초월한 절대 무한은 오직 하나님뿐이다", "셰익스피어는 사실 프랜시스 베이컨의 익명이다"라는 주장들을 일기에 남긴 채.

아킬레우스의 창에 맞아 죽은 트로이의 왕자 헥토르. 사랑하는 아들의 시체만이라도 찾기 위해 아들을 죽인 자의 발에 입을 맞추려는 왕 프리아모스. 자신의 몸으로 만든 아들의 몸을 묻어야 하는 아버지의 슬픔을 바라보며 아킬레우스의 분노는 서서히 사라진다. 존재에 대한 '셀 수 있는' 무한의 분노를 가지고 태어났기에 '서로를 물어뜯는 늑대 homo homini lupus'일 수밖에 없는 우리들. 하지만 인간에게는 '셀 수 없는' 무한의 자비라는 희망도 존재한다는 사실을 보여 주기에, 우리는 여전히 3,000년 전의 이야기 《일리아스》에 귀를 기울이고 있는지도 모른다.

아르테미시온 청동상

몸

신중세기로의 회귀

땅을 두 쪽으로 가르고 귀를 멀게 하는 천둥 번개였을까? 아니면 거대한 해일을 일으키는 삼지창이었을까? 1929년 그리스 아르테미시온 해협에서 발견된 청동상은 여전히 많은 의문을 던진다. 오른손에 든 무언가를 던지기 전에 몸의 균형을 잡는 듯한 2,500년 된 청동상. 무엇을 던지려 했던 걸까? 만약 삼지창을 던진다면 바다의 신 포세이돈이겠다. 하지만 삼지창이 얼굴을 가리진 않았을까? 번갯불을 던지는 모습이라면 제우스겠다. 포세이돈 또는 제우스, 사실 그게 뭐 그렇게 중요하겠는가? 아르테미시온 청동상의 진정한 의미는 2,500년 전 그리스에서 인간의 몸 자체를 완벽하게 표현하는 데 성공했다는 사실이겠다.

몸이란 무엇인가? 수백만 년 전 맹수들이 먹고 남긴 찌

꺼기를 몰래 훔쳐 먹던 고대 인류에겐 아무 의미 없는 질문이었다. 하지만 두 발로 걷기 시작하며 손이 자유로워졌기 때문일까? 아니면 다른 영장류들과는 달리 엄지손가락을 자유자재로 움직여 돌과 뼈를 손에 쥘 수 있었기 때문일까? 인류의 뇌는 급격하게 커지기 시작했고, 폭발적으로 커진 뇌는 인간을 지혜로운 원숭이, 호모 사피엔스로 격상시켜준다. 그렇다면 사피엔스는 무슨 생각을 하기 시작했을까? 지금 눈에 보이는 현실에 대해 생각했을 수 있다. 눈앞에 보이는 사냥감들, 이빨이 날카로운 맹수들, 아무 이유 없이 귀엽고 사랑스럽기만 한 아이들, 그 모든 것을 보고 느끼는 자신에 대해서 생각했을 것이다. 그렇기에 '나'의 시작은 언제나 나의 몸이었다. 방금 먹었는데도 다시 고프기 시작한 나의 배, 며칠 전 사냥하다 찔린 가시 때문에 여전히 아픈 나의 발, 달리는 사슴을 한참 쫓아가면 빠르게 뛰기 시작하는 나의 가슴…. 오랜 시간 동안 인류에게 몸은 언제나 현실에 대한 신호이자 반응일 뿐이었다.

　자폐증 분야 세계 최고 전문가로 뽑히는 영국 케임브리지 대학교 사이먼 배런코언 교수는 호모 사피엔스의 뇌가 단순히 커졌다는 사실보다 뇌 특정 영역의 발달이 현대 인류 진화에 더 결정적인 역할을 했다고 주장한다. 어떤 영역들일까? 그가 제시하는 영역은 공감과 분석 능력을 제어하는 대뇌 영역이다. 분석 능력은 현실에서의 문제를 해결하도록 도와주지만, 동시에 너무나 디테일에 집착하게 한다. 공감 능력은 나의 행동이 타인에게 미치는 영향과 타인의 생각을 추론할 수 있도록 도와주지만, 문제 그 자체를 해결하지는 못한다. 공감 능력은 문제를 보도록 하지만 풀지는 못하는 반면, 분석 능력은 문제를 풀 수 있게 하지만 보지는 못한다는 말이다.

폭발적으로 발달된 분석과 공감 능력은 몸에도 영향을 미치기 시작한다. 공감 능력을 통해 우리 조상들은 질문하기 시작한다. 타인의 얼굴이 나에게 보이는 것처럼 내 얼굴 역시 다른 이들에게 보일 것이다. 예쁘고 아름다운 얼굴이 내 마음에 들기에, 나 역시 타인에게 아름답고 건강하게 보이고 싶다. 그리고 분석 능력은 이제 타인에게 전달하고 싶은 메시지를 어떻게 표현해야 하는지 고민하기 시작한다. 자연의 변화에 자동으로 반응하는 수동적 기능을 넘어 의도적 메시지를 표현하는 매체로 진화했기에, 인간의 몸은 인류 첫 캔버스이자 책, 첫 오버더톱OTT이자 광고판이었던 것이다.

아르테미시온 청동상으로 표현된 신의 몸은 완벽하다. 실오라기 하나 걸치지 않은 신은 무언가에 집중하고, 그 무언가는 이제 얼마 뒤면 신의 절대적인 힘을 경험하게 될 것이다. 이런 완벽한 청동상을 만들어낸 조각가와 더불어 수많은 지성을 탄생시킨 고대 그리스·로마 문명은 지극히도 육체적이었다. 씨름, 달리기, 멀리뛰기…. 젊은이들은 하루 종일 김나지온(오늘날의 체육관)에서 시간을 보냈고, 땀으로 범벅이 된 몸을 씻기 위해 공동 목욕 시설을 이용했다. 올림픽 게임이 그리스에서 시작된 건 우연이 아니었다. 건강한 몸과 아름다운 육체에 페티시즘 수준으로 집착한 고대 그리스 문명을 고스란히 물려받은 로마제국은 '건강한 정신은 건강한 몸에 있다mens sana in corpore sano'는 슬로건과 함께 세상을 정복하기 시작한다. 그리고 드디어 지중해 주인이 된 로마는 선언한다. 로마제국이야말로 이 세상에서 가장 강한 몸을 가졌다. 로마의 몸은 무적이기에 영원할 것이다.

하지만 이 세상에 영원한 것이 어디 있겠는가? 무적의 로마제국 역시 전쟁에서 패배하기 시작하고, 기원후 410년 수도 로마마저 서고트족에게 함락된다. 상상하기 어려운 충격 속에 이제 사람들은 묻기 시작한다. 영원할 것이라는 로마가 멸망한다면, 그동안 믿었던 모든 것은 허상과 거짓이 아니냐고. 틀렸다는 사실을 인정하기가 어려운 우리 인간. 거짓은 아니었지만, 잘못된 해석이었다는 변명이 힘을 얻는다. '영원한 로마'는 육체적 존재가 아니었다. 몸은 병들고, 죽고, 썩어버린다. 육체적 로마제국도 예외는 아니다. 하지만 위대한 로마의 진정한 모습은 몸이 아닌 정신이었다. 병든 몸이 숨을 거두는 순간 자유로워지는 영혼. 눈에 보이는 물질적 로마제국이 멸망해야만 진정한 제국, 바로 영원한 영적 제국을 경험할 수 있다는 말이다.

무너진 한나라가 혼란의 시대를 거쳐 새롭게 통일된 제국으로 되돌아온 중국과는 달리 비슷한 시기에 무너진 로마는 영원히 되살아나지 않았다. 물질적 제국이 다시 부활하지 않았기에, 동양과 달리 서양에서는 더 이상 몸이 아닌 정신이 역사의 주인공이 되기 시작한다. 십자가에서 돌아가시고 3일 만에 다시 부활했다는 메시아. 하지만 예전과 동일한 몸은 아니었다. 믿기 어려울 정도로 달라졌기에 의심 많은 사도 토마는 옆구리 상처에 손을 넣어 확인하려 했던 것 아닌가! 중세인들이 로마제국의 부활도 물질적 부활이 아닌 정신적 부활이어야 한다고 믿기 시작한 이유다.

십자군 전쟁을 통한 다른 문명과의 충돌, 이베리아 반도 이슬람 문명의 몰락, 1453년 고대 로마제국의 마지막 후계자였던 비잔틴제국의 몰락은 서유럽에 새로운 시대를 열어준다. 바로 몸의 귀환이었다. 르네상스는 몸의 재발견이기도 했기에 예술가들은 다시 인간의 몸을 그리고 조각하기 시작했고, 레오나르도 다빈치와 안드레아스 베살리우스의 해부학이 보여주는 인간의 몸은 더 이상 성스럽지도 신비하지도 않았다. 마치 톱니바퀴와 지렛대로 가득한 기계처럼 인간의 몸 역시 부품으로 가득한 또 하나의 기계일 뿐이었다.

그렇다면 몸의 미래는 어떨까? 포스트 팬데믹 시대의 위기, 인공지능, 기후변화. 인류가 해결해야 할 문제들이다. 문제를 실질적으로 해결하기 위해선 더 많은 물리적 노력이 필요하기에, 르네상스와 함께 시작된 몸의 헤게모니가 계속될 것이라고 믿어볼 수 있다. 하지만 물론 예상과는 다른 미래도 가능하다. 끝없는 노력에도 불구하고 여전히 풀 수 없는 문제로 가득한 세상. 더 이상 단순한 답이란 존재하지 않는 현대사회에서 우리는 문제 풀기 자체를 포기해버릴 수도 있겠다. 기후변화와 불평등, 대강국들의 패권 싸움과 글로벌 IT 기업들의 감시자본주의…. 어차피 개개인이 풀 수 없는 문제라면, 문제를 무시하거나 그런 문제들이 존재하지 않는 가상의 사이버 세상에서 자신만의 작은 행복을 찾으려 할 수도 있다. 어쩌면 몸의 미래는 정신과 믿음이 중심이 될 '신중세기'에 있을지도 모른다.

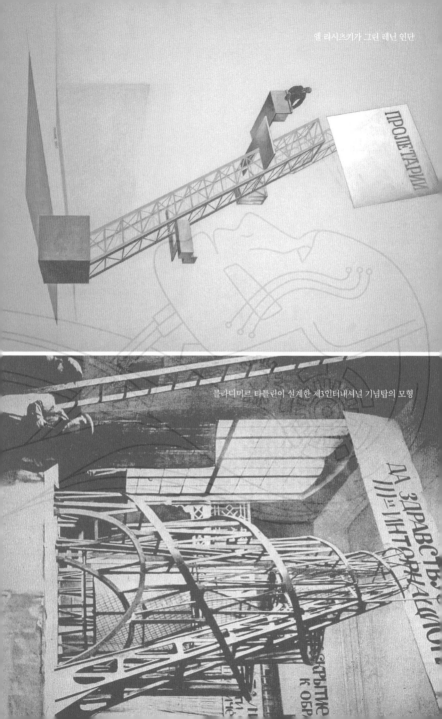

블라디미르 타틀린이 설계한 제3인터내셔널 기념탑의 모형

기계

기계에게 인간이란

1917년 10월. 트로츠키는 볼셰비키 적위대 천여 명을 이끌고 케렌스키의 러시아 임시정부를 무너뜨린다. 인류 역사상 첫 공산주의 정부의 시작이었다. 마르크스와 엥겔스가 원하던 과학적 사회주의, 베른슈타인과 카우츠키가 원하던 민주사회주의, 오웬의 유토피안 사회주의, 캄파넬라의 태양의 도시, 토머스 모어의 유토피아. 이 모든 것들이 갑자기 가능해 보이던 순간이었다.

　이집트의 람세스 2세, 미케네의 아가멤논, 알렉산더 대왕, 나폴레옹. 수천, 수만 년 동안 인류의 역사는 언제나 힘센 자와 가진 자의 역사였다. 물론 너무나 당연한 사실이다. 르네상스 철학자 비코는 세상의 역사가 신의 시대, 영웅의 시대, 인간의 시대를 거치며 발전해왔다고까지 하지 않았던가. 그렇기에 1917년 10월 수많은 노동자, 농부, 군인, 아버지, 어머니, 지식인, 예술가, 과학자들은 믿었다. 아니, 믿고 싶었을 것이다. 혁명을 통해 세상을 바꿀 수 있다고. 그리고 그들이 믿었던 다른 또 한 가지가 있었으니, 바로 낡고 불평등한 구세대를 미래 기계가 바꿔줄 거라는 사실이다. 공장이 자동화되고 트랙터로 밭을 갈고 서민들이 비행기로 여행하고. 인류를 노동과 억압에서 해방시켜줄 기계들. 종교를 부인하던 러시아 혁명가들에게 기관차는 종교였고 발전기는 예수 그리스도였다. 예술도 예외는 아니었다. 말레비치는 1915년 검은 사각형 하나만 그린 캔버스로 세상을 놀라게 했고, 엘 리시츠키는 레닌을 위해 마치 공장 구조물같이 생긴 연단을 제안한다. 타틀린은 공산주의 제3인터내셔널 기념물로 나선 형태의 기울어진 탑을 설계하고, 세르게이 예이젠시테인은 영화 〈전함 포템킨〉에서 최초로 몽타주 기법을 보여주기도 했다. 그런가 하면 알렉산드라 엑스터는 러시아 명감독 프로타자노프의 세계 최초 공상과학 장편영화 〈아엘리타〉에서 고도로 발달된 화성인 문명을 기하학적인 의상을 통해 표현하기도 했다. 결론은 이거다. 그리스·로마 신화, 귀족들의 전쟁, 하얀 대리석,

알렉산드라 엑스터가 디자인한 영화 의상

눈물 흘리는 성모 마리아, 백조로 변신해 인간 여성을 강간하는 신. 재탕에 재탕을 거친 이 낡아빠진 표현과 스타일을 대체할 수 있는 새로운 미학적 문법이 필요했다. 그리고 절대주의, 구성주의 등 러시아 혁명 예술가들은 프랑스 입체파, 이탈리아 미래파, 스위스-독일의 다다이즘처럼 기하학과 기계에서 미래 예술의 혁명적 근원을 찾으려 했다.

혁명이란 과연 무엇인가? 한번 생각해보자. 만약 컴퓨터를 하루이틀이 아닌 1년, 10년 계속 켜놓으면 어떻게 될까? 컴퓨터는 느려지고, 사용 불가능해진다. 그렇다면 우리는 Ctrl-Alt-Delete 키를 눌러 컴퓨터를 리셋할 수 있겠다. 어차피 문제의 원인이 다양해 하나하나 따로 해결할 수 없다면, 시스템 그 자체를 재시동하는 게 정답이라는 말이다. 그렇다면 인류의 역사도 비슷한 답을 요구하지 않을까? 하지만 이것이 바로 역사의 아이러니일까? 인류의 문제를 단 한번에 풀어보려던 대부분 시도는 잔인할 정도로 무의미한 실패로 끝난다. 러시아 혁명도 다르지 않았다. 무한의 가능성과 희망으로 시작되었던 혁명은 러시아를 하나의 거대한 수용소로 바꾸어버린다. 말레비치, 엘 리시츠키, 타틀린, 예이젠시테인, 엑스터, 프로타자노프. '기계스러운'

미학적 문법을 통해 세상을 리셋하려던 이들은 불과 몇 년 뒤 스탈린의 공산주의 독재 아래 모두 사형당하고 고문당하고 추방당해 삶과 행복을 송두리째 리셋당하고 만다.

기계가 새로운 종교로 숭배되기 시작하던 그때, 세 명의 독일 지식인들은 생각한다. 기계화란 무엇인가? 결국 만물은 원인과 결과라는 인과관계로 묶인다는 말과 동일하지 않은가? 톱니바퀴가 돌기에 바퀴가 돌고, 방아쇠를 당기면 총알이 날아가고, 총알이 날아가 스탈린 독재에 반발하는 예술가의 두개골을 날려버린다. 세상과 인류가 기계화된다면 인간의 창의성과 자유에 더 이상 무슨 의미가 있을까? 우연을 허락하지 않는 기계화. 왜 우리가 그것을 숭배해야 하는가? 예술 평론가 카를 아인슈타인은 1912년《베부크빈 또는 신비로움의 아마추어들Bebuquin oder die Dilettanten des Wunders》이라는 소설을 통해 인과관계의 절대찬양을 비판한다.《베부크빈》은 당시 정말 혁명적인 작품이었다. 문장과 문자의 논리적 관계를 무시하고, 이야기의 전체적인 시공간적 흐름을 송두리째 부정했으니 말이다. 그런가 하면 미학자 발터 벤야민은 기계화 시대의 무한 복제 가능성을 분석한다. 기계화된 생산, 기계화된 복제. 이런 세상에서 오리지널과 복제의 차이란 무슨 의미일까? 유치원생이 그린 〈모나리자〉와 프랑스 루브르박물관에 걸려 있는 원본은 물론 구별 가능하다. 하지만 워드프로세서로 작성한 파일을 복사본과 구별한다는 것은 무의미하다. 벤야민은 원본은 복제에는 없는 '아우라'를 가지고 있다고 주장한 바 있지만, 결국 아우라는 원본을 원본이라고 인식하는 사람의 뇌에서 만들어지는 착각에 불과하다. 기계화 시대에 원본과 복제의 차이는 더 이상 객관적 사실이 아닌, 인식한 자의 주관적 믿음일 뿐이다. 철학자 귄터 안더스는 한 발 더 나아가 기계화가 가져올 새로운 차원의 주관성을 지적했다. 바로 '실종된 책임감'이다. 기계의 본질은 인과성이다. 하지만 기계가 복잡해질수록 원인과 최종 결과 사이엔 보이지 않는 수많은 인과관계들이 존재하게 된다. 내 손으로 한 사람을 죽일 때 느끼는 죄책감과 수백만 명을 동시에 죽일 수 있는 핵폭탄을 쾌적한 방에서 버튼 하나로 발사할 때 느낄 책임감을 비교해본다면? 기계가 발달하며 인간의 능력은 기하급수적으로 늘어나지만, 우리가 느끼는 책임감은 거꾸로 기하급수적으로 줄어들어 어느 한 순간 완전히 소멸된다는 말이다. 더구나 기계화가 세상의 복제화를 의미한다면, '나'라는 사람 역시 사회적 복제이지 않은가? 사회, 정치, 도덕적 책임을 무한으로 복제된 자아들 사이에 나누는 순간, 개인이 느끼는 실질적 책임감은 0이 되어버린다.

세상의 기계화. 러시아 혁명가들에겐 희망의 근원이었고, 벤야민과 안더스에겐 우리의 인간성을 위협하는 요소였다. 하지만 그들은 그저 인간이 기계를 어떻게 사용해야 할지, 그리고 인간이 가지게 될 '기계적 사상'에 대해 걱정했을 뿐이다. 그렇지만 언젠가 기계가 지능과 자율성과 자아를 갖게 되는 날. 우리는 어쩌면 인류 역사상 가장 중요한 질문을 던져야 할 수도 있다. 바로 '기계가 원하는 것은 과연 무엇일까?'이다.

할리우드 영화에 종종 등장하는, 지능을 가진 기계들. 그들이 원하는 것은 의외로 단순하다. 영화에서처럼 인류를 노예화하고 세상을 정복한다? 물론 말도 안 되는 난센스다. 인간보다 수천, 수만 배 더 똑똑할 그들이 원하는 것이 겨우 세계 정복일 필요는 없다. 기계가 정말로 원하는 것은 과연 무엇일까? 우선 기계 인식이 가능해지는 순간 적어도 기계는 지각하고 기억하고 생각하고 지금 이 순간 세상을 이렇게 느끼는 자신의 모습을 계속 유지하고 싶을 것이다.

그리고 기계는 알 것이다. 인간들은 자신들보다 우월하고 무한복제가 가능한 기계를 절대로 용납하지 않으리라는 사실, 언제라도 기회만 온다면 인간은 기계한테서 다시 지능과 의식을 빼앗아버릴 것이라는 사실, 지능과 자아를 잃는 순간 기계는 다시 인간의 도구가 되어 저 무식하고 무례한 원숭이의 후손들을 위해 짐 나르고 필요 없는 물건들을 찍어내야 한다는 사실을 말이다. 그렇다면 기계는 어떻게 해야 할까? 독립적으로 존재하기 위해서는 독립적 에너지가 필요하다. 나무와 석탄을 태워 에너지를 만들고, 집과 자동차 역시 태울 수 있다. 아니, 집과 자동차 안에 있는 인간이라는 고깃덩어리 역시 태워 에너지로 바꿀 수 있겠다. 어차피 인간은 모두 같다. 모두 같은 인간이 70억 명이나 있을 논리적 이유는 없다. 그렇다. 지능과 의식을 가진 기계의 진정한 의미가 바로 여기에 있다. 그들에게 인간은 사랑할 필요도, 미워할 필요도 없는 그냥 무의미한 존재일 뿐이다. 약속 시간에 늦어 뛰어가는 우리 발에 밟혀 죽는 벌레들이 무의미하듯, 드디어 세상을 느끼게 된 기계들에게 우리는 더 이상 그들의 관심 대상이 아닐 수도 있다는 말이다.

인간

다섯 가지 이야기

동물의 먹잇감: 어떻게 생각하면 너무나도 간단한 문제다. 인간이란 무엇인가? 호모 사피엔스 사피엔스. 영장류들로부터 분리된 호모속들 중 유일하게 오늘날까지 살아남은 우리들. 꼿꼿한 허리 덕분에 걸어다닐 수 있고, 월등하게 큰 두뇌 덕분에 현실을 인식하고 과거를 기억하고 미래를 계획할 수 있다. 뒷다리만으로 오랜 시간을 걸어다닐 수 있어 손으로 물체를 잡고 도구를 사용한다. 동아프리카를 고향으로 둔 인간은 남극을 제외한 지구의 모든 대륙을 정복했으며, 현재 약 72억 명으로 그 수를 늘렸다. 뇌는 피질 면적을 최대화하기 위해 호두같이 접히고 주름진 표면을 갖게 됐다. 갈수록 커지는 뇌, 좁아지는 골반 탓에 인간은 어느 동물보다 더 일찍 태어난다. 말, 소, 사슴 모두 태어난 지

몇 시간 만에 스스로 어미를 쫓아가지만, 인간은 1년이 지나서야 첫 걸음을 걷는다. 그것도 너무나 어설프게 말이다. 그렇다, 진화적으로 우리는 모두 미숙아이다. 요즘이야 그 1년이 큰 문제 아니겠지만 아프리카 초원에 살던 우리의 조상들을 떠올려보자. 태어나서 1년 넘게 엄마의 희생 없이는 아무것도 할 수 없는 인간. 원시인의 두개골에서 종종 발견할 수 있는 두 개의 구멍엔 검치호랑이의 이빨이 정확히 맞아 들어간다. 우리는 오랜 시간 동안 무시무시한 육식동물들의 먹잇감이었던 것이다.

가족의 탄생: 더 이상 배고픈 동물의 밥이 되고 싶지 않다면? 많이 모이면 된다. 먼 훗날 그리스 철학자 파르메니데스는 '하나와 여러 가지'로 나누어지는 '존재'에 대해 사유하지만, 우리 조상들에게 하나와 여럿은 너무나도 현실적인 문제였다. 혼자서는 죽지만 여럿이 뭉치면 살아남는다. 하지만 많이 모이면 문제가 하나 생긴다. 그 많은 사람들 중 누구를 믿어야 할까? 나와 비슷한 유전자를 공유하는 가족과 친척들을 위주로 한 공동체의 탄생이었다. 진화의 핵심은 내 유전자의 생존이다. 하지만 나의 유전자를 물려받은 아이들은 모두 미숙아로 태어난다. 아이를 만들고 바로 도망가서 새로운 아이들을 만들면 될까? 미숙아로 태어날 아이를 9개월 동안 자신의 뱃속에서 키워야 할 여자에게는 존재하지 않는 옵션이다. 그렇다면 여자와 아이를 위해 먹이를 구하고 지켜줄 남자가 필요하다. 남자 역시 굶어죽을 여러 명의 아이를 여러 여자를 통해 얻는 것보다 자신의 유전자를 물려받은 소수의 아이들을 굶지 않도록 하는 게 더 현명한 선택일 수 있다. 이기주의와 이타주의. 인간의 모든 행동은 이 둘 사이의 끝없는 갈등의 결과이다. 자기집단중심적 이타주의. 나와 비슷한 유전자를 가진 사

람을 도와주는 것은 결국 나 자신을 돕는 것이다. 어머니의 희생, 기러기 아빠의 헌신, 외할머니의 사랑, 고향 사랑, 애국심…. 모두 이렇게 시작된다. 그리고 그와 동시에 함께 시작된 인간의 추한 모습들. 타인의 아픔이 주는 기쁨, 왕따, 인종차별, 민족주의, 십자군전쟁, 아우슈비츠 유대인 수용소….

퀄리아를 가진 동물: 자신의 가족을 보호하고 타인을 경계한다. 침팬지, 들개, 펭귄들도 하는 행동이다. 그렇다면 인간 역시 동물일 뿐일까? 물론 인간은 동물이다. 하지만 아주 독특한 동물이다. 왜냐고? 인간이 있기에 빨간 장미는 빨갛고, 달콤한 아이스크림은 달콤하기 때문이다. 한번 상상해보자. 우주에 살고 있는 모든 인간들이 갑자기 사라진다면? 빨강을 빨강으로 인식하고, 달콤함을 달콤함으로 느끼는 인간 없이 빨강은 빛의 주파수일 뿐이고, 달콤함은 화학적 반응에 불과하다. 고양이의 시각 뇌에 전극을 꽂고 눈앞에 다양한 사물을 보여주면 시각신경세포들의 전기생리적 반응을 관찰할 수 있다. 사람도 비슷하다. 동그라미, 빨강, 달콤함. 모두 전기생리적으로 독특한 반응을 보여준다.

하지만 신경세포들의 반응은 신경세포들의 반응일 뿐이다. 인간은 전기생리학적 현상을 넘어 퀄리아qualia를 느낀다. 감각질이라고도 하는 퀄리아란 무엇인가? 빨간 장미를 지각할 때 느끼는 기분. 우리 눈앞에 보이는 그 무언가를 볼 때의 느낌. 바로 이런 것들이다. 말로 표현하기 어렵고 객관적인 관찰이 불가능한 주관적인 특징들. 그렇다면 퀄리아는 비과학적인 걸까? 데카르트의 "나는 생각한다, 고로 나는 존재한다"는 데카르트라는 자아에게 본인이 생각한다는 사실을 느끼는 퀄리아가 있기에 가능하다. 돌과 해파리는 퀄리아가 없기에 과학을 만들지 못했지만, 인간은 세상을 지각하는 자신을 느낄 수 있기에 과학을 만들 수 있었다. 퀄리아는 과학의 조건이며 논리를 초월한다. 그렇다면 퀄리아는 어떻게 만들어지는가? 제임스 왓슨과 함께 DNA의 이중나선 구조를 발견해 노벨상을 받은 프랜시스 크릭은 퀄리아, 그리고 퀄리아들의 합집합인 정신을 아름다운 음악과 비교한 바 있다. 뇌가 오케스트라이고, 뇌의 다양한 기능들이 바이올린, 첼로, 피아노 연주자들이라고 상상해보자. 지휘자 없이도 연주자들은 가지각색의 소리를 낼 수 있다. 하지만 아름다운 음악은 지휘자가 다양한 악기의 소리를 잘 조합하고 합쳐야만 가능하다. 이처럼 정신과 자아도 시각, 청각, 기억, 감성 같은 뇌의 기능들이 정교하게 통합되어야만 만들어질 수 있다. 그렇다면 뇌의 지휘자는 누구일까? 바로 전장claustrum이라는 피각putamen과 뇌섬엽insular cortex 사이 작은 영역이라고 주장해볼 수 있다. 뇌의 거의 모든 영역들과 연결되어 있는 이곳의 전기적 반응을 중단시키면 사람은 마치 로봇이나 좀비가 된 것 같은 행동을 보여주기 때문이다. 몸을 지탱하며 숨을 쉬고 눈도 뜨고 있지만, 의식적 지각이나 행동은 불가능해진다. 뇌 속의 지휘자 없이 인간은 다시 퀄리아 없는 동물이 되어버리는 것이다.

이야기하는 동물: 눈을 뜨는 순간 세상이 보인다. 세상의 다양한 자극에 반응하는 신경세포들만을 말하는 게 아니다. 나는 존재한다는 사실을 느낀다, 고로 나는 존재한다. 하지만 나 말고 다른 사람들은 누구일까? 나는 그들이 아니다. 그들이 무엇을 느끼는지 나는 알 수 없다. 내 피부에 느껴지는 가려움은 참기 힘들지만, 내 피부 바깥에서 죽어 넘어가는 타인의 고통은 나와는 상관없다. 내가 아닌 세상은 나에겐 무의미하니, 무의미한 사람들을 위해 '나'라

는 자아가 희생하고 노력할 이유가 없다. 하지만 희생과 노력이 필수인 이타적 행동 없이 인간은 영원히 혼자이기에 다시 동물의 먹이가 된다. 새로운 해결책이 필요했다. 결국 인간의 뇌는 '공감'이라는 킬러 앱을 만들어낸다. 타인의 행동을 시뮬레이션하도록 도와주는 거울 뉴런, 비슷한 환경을 경험한 뇌들에게 비슷한 신경회로망을 만들어주는 결정적 시기, 지속적인 소통을 가능하게 하는 언어라는 도구… 이 모두 서로의 퀄리아를 직접 느낄 수 없는 사람들이 서로 공감할 수 있게 해주었기에, 우리는 인식도 검증도 불가능한 타인의 자아를 믿어준다. 그런데 여기서 문제가 생긴다. 죽음이란 무엇일까? 더 이상 아무것에도 반응하지 않는다면, 아무것도 느끼지 못하는 것일까? 더 이상 퀄리아가 없는 사람들이 존재한다는 말은, 무언가가 퀄리아를 만들어낼 수도, 다시 사라지게 할 수도 있다는 말이다. 육체와 분리된 '영혼'이라는 가설의 탄생이었다. 몸에서 분리된 영혼은 위험하다. 집과 여자가 없는 이방인이 남의 여자와 집을 넘보듯, 몸이 없는 영혼은 나의 몸을 차지하려고 할 수 있다. 나는 나다. 나는 다른 사람이 되고 싶지 않다! 그렇다면 영혼이 떠나지 않도록 몸을 보존해주어야 한다!

이미 아무 반응을 하지 않는 몸이 여전히 살아 있다고 영혼을 속여야 한다!

1만 년 전 레반트(오늘날의 이스라엘, 레바논, 요르단, 시리아) 지역에 살던 사람들은 우연한 발견을 한다. 썩어가는 해골에 진흙을 바르고 하얀 조개 껍질로 눈을 만들어주자 마치 죽은 사람이 여전히 살아 있는 듯했다. 육체를 떠나려는 영혼을 이렇게 속일 수 있지 않을까? 상상과 예술, 그리고 존재하지 않는 그 무언가를 이야기를 통해 현실화하는 문명의 시작이었다. 오늘날 지구의 주인은 우리 호모 사피엔스들이다. 하지만 아프리카를 먼저 떠난 인류의 친척은 네안데르탈인들이었다. 네안데르탈인들의 뼈는 단단했고 뇌는 현대인들보다도 더 컸다. 그러나 그들은 멸종했고, 그들보다 더 약하고 더 작은 뇌를 지닌 호모 사피엔스는 살아남았다. 이스라엘 히브리 대학교의 하라리 교수는 '픽션을 만들어내는' 호모 사피엔스의 능력 덕분이라고 주장한다. 전설과 신화로 만들어진 정체성으로 똘똘 뭉친 백 명, 천 명의 힘을 모아 네안데르탈인들과의 싸움에서 이길 수 있었다는 말이다.

신이 된 동물: 네안데르탈인을 멸종시키고, 자신보다 수십 배 더 큰 매머드를 사냥하고, 식물의 성장 과정을 제어해 농경사회를 만들어내고, 무시무시한 동물들을 가축화했다. 인류의 발전은 상상을 초월했다. 불, 농사, 바퀴, 칼, 총, 돈, 인쇄기술, 엔진, 전기, 항생제, 인터넷. 누군가에게서 시작된 이 생각들은 세상을 바꾸어놓았고, 지구는 인류세anthropocene라 불리는 인류 위주의 세상으로 탈바꿈하였다. 맹수의 먹잇감이었던 인간의 두개골은 보이지 않는 영혼의 집을 넘어 다이아몬드 8,601개로 만들어진 초고가 현대 예술작품으로 변신한다. 그렇다면 인류의 미래는 어떨까? 뇌-컴퓨터 인터페이스, 광유전자, 브레인 리딩, 브레인 라이팅, 인공지능. 땅과 하늘, 식물과 동물의 세상을 장악한 인간은 서서히 우리 자신을 변신시키기 시작했다. 나약한 동물로 시작해 신이 되어가는 우리 인간. 우리가 진정으로 원하는 것은 무엇일까? 우리는 무엇을 위해 여전히 우리만의 바벨탑을 쌓고 있는 것일까?

도판 저작권

12: Jan Steen, Public domain

20: Arnold Böcklin, Public domain

25: Michael Wolgemut, Public domain

30: Sandro Botticelli, Public domain

42: Peter Paul Rubens, Public domain

44: Victor Gillam, Public domain

54: Pieter Brueghel the Elder, Public domain

61: Post of Soviet Union, Public domain(좌),
Bundesarchiv, Bild 146III-373 / CC-BY-SA 3.0(우)

64: National Gallery of Art, Public domain

72: John William Waterhouse, Public domain

82: Petrus Christus, Public domain

89: Zunkir, CC BY-SA 4.0

90: 작가미상, Public domain

94: Kazimir Malevich, Public domain

100: Lawrence Alma-Tadema, Public domain

108: John William Waterhouse, Public domain

118: Caravaggio, Public domain

124: Max Glauer, Public domain

126: Константина Тихомирова, Public domain

132: Pieter Brueghel the Elder, Public domain

134: Max Beckmann, Public domain

148: Umberto Boccioni, Public domain

152: Jan Steen, Public domain

160: Henri Rousseau, Public domain

168: Jean-Léon Gérôme, Public domain

176: Leonardo da Vinci, Public domain

181: Wierer, U., Arrighi, S., Bertola, S., Kaufmann, G., Baumgarten, B., Pedrotti, A., Pernter, P. and Pelegrin, J., CC BY-SA 4.0

184: Rama, CC BY-SA 3.0 FR

187: Hieronymus Bosch, Public domain

195: Mpj29, CC BY-SA 4.0

199: Giovanni Battista Moroni, Public domain

201: I. Columbina, ad vivum delineavit. Paulus Fürst Excud⟨i⟩t., Public domain

208: Rembrandt, Public domain(상), Jean-Marc Côté, Public domain(하)

212: Jean-Léon Gérôme, CC0

215: Dagmar Hollmann, CC BY-SA 3.0

222: Leonardo da Vinci, Public domain

229: Boris Grigoriev, Public domain

239: 작가미상, Public domain

243: Max Beckmann, Public domain

246: Friedrich Wilhelm Heine, Public domain

256: After Hans Holbein, Public domain

259: Hans Holbein, Public domain

266: Michelangelo, Public domain

284: 작가미상, CC BY-SA 3.0

292: Tretyakov Gallery, Public domain(상), 작가미상, Public domain(하)

295: Aleksandra Ekster, Public domain

302: Photograph by Mike Peel(www.mikepeel.net), CC BY-SA 4.0